国家职业技能等级认定培训教材

劳务派遣管理员

（四级 三级 二级）

编写委员会

主　任　孙宗虎　郑　爽　王　军
副主任　王佳锐　孙兆刚　周　轩
委　员　程淑丽　张丽萍　刘仙梅

中国人力资源和社会保障出版集团

中国劳动社会保障出版社　中国人事出版社

图书在版编目（CIP）数据

劳务派遣管理员：四级　三级　二级 / 人力资源社会保障部教材办公室组织编写. --北京：中国劳动社会保障出版社：中国人事出版社，2021
国家职业技能等级认定培训教材
ISBN 978-7-5167-5070-4

Ⅰ.①劳… Ⅱ.①人… Ⅲ.①用工制度-中国-职业技能-鉴定-教材 Ⅳ.①F249.213.2

中国版本图书馆 CIP 数据核字（2021）第 210608 号

中国劳动社会保障出版社
中国人事出版社　出版发行

（北京市惠新东街 1 号　邮政编码：100029）

*

三河市华骏印务包装有限公司印刷装订　新华书店经销

787 毫米 ×1092 毫米　16 开本　13.5 印张　233 千字
2021 年 11 月第 1 版　2021 年 11 月第 1 次印刷
定价：36.00 元

读者服务部电话：（010）64929211/84209101/64921644

营销中心电话：（010）64962347

出版社网址：http://www.class.com.cn

版权专有　　侵权必究

如有印装差错，请与本社联系调换：（010）81211666
我社将与版权执法机关配合，大力打击盗印、销售和使用盗版图书活动，敬请广大读者协助举报，经查实将给予举报者奖励。

举报电话：（010）64954652

前　言

为加快建立劳动者终身职业技能培训制度，大力实施职业技能提升行动，全面推行职业技能等级制度，推进技能人才评价制度改革，促进国家基本职业培训包制度与职业技能等级认定制度的有效衔接，进一步规范培训管理，提高培训质量，人力资源社会保障部教材办公室组织有关专家在《企业人力资源管理师（劳务派遣管理员）国家职业技能标准（2020年版）》（以下简称《标准》）制定工作基础上，编写了劳务派遣管理员国家职业技能等级认定培训教材（以下简称等级教材）。

劳务派遣管理员等级教材紧贴《标准》要求编写，内容上突出职业能力优先的编写原则，结构上按照职业功能模块分级别编写。该等级教材共包括《劳务派遣管理员（基础知识）》《劳务派遣管理员（四级　三级　二级）》2本。《劳务派遣管理员（基础知识）》是各级别劳务派遣管理员均需掌握的基础知识，其他各级别教材内容分别包括各级别劳务派遣管理员应掌握的理论知识和操作技能。

本书是劳务派遣管理员等级教材中的一本，是职业技能等级认定推荐教材，也是职业技能等级认定题库开发的重要依据，适用于职业技能等级认定培训和中短期职业技能培训。

在本书编写的过程中，孙宗虎负责全书统筹定稿，郑爽负责第一、二、三章内容的审定，王军负责第四、五章的审定，王佳锐负责第六、七章的审定，孙兆刚负责第八、九章的审定，周轩负责第十、十一、十二章的审定，王军、周轩、王佳锐对大纲修改提出了宝贵意见，在此一并表示衷心感谢。

人力资源社会保障部教材办公室

目 录

第一部分　劳务派遣管理员四级

第一章　项目开发管理 ……………………………………………… 3
第一节　信息收集与处理 ……………………………………… 3
第二节　信息审核 ……………………………………………… 8

第二章　项目运营管理 ……………………………………………… 10
第一节　项目计划分解与执行 ………………………………… 10
第二节　项目现场管理 ………………………………………… 15
第三节　派遣员工服务管理 …………………………………… 22
第四节　客户服务管理 ………………………………………… 56

第三章　项目风险管控 ……………………………………………… 64
第一节　风险核查 ……………………………………………… 64
第二节　风险处理 ……………………………………………… 69

第二部分　劳务派遣管理员三级

第四章　项目开发管理 ……………………………………………… 79
第一节　项目分析与策划 ……………………………………… 79
第二节　项目评估与分析 ……………………………………… 82
第三节　协议草拟与修改 ……………………………………… 85

第五章　项目运营管理 …… 90
　　第一节　项目计划制订与执行 …… 90
　　第二节　项目现场管理 …… 95
　　第三节　派遣员工服务管理 …… 102
　　第四节　客户服务管理 …… 113

第六章　项目风险管控 …… 121
　　第一节　风险核查 …… 121
　　第二节　风险处理 …… 126

第七章　项目费用管理 …… 130
　　第一节　项目预算编制 …… 130
　　第二节　项目收支管理 …… 132

第三部分　劳务派遣管理员二级

第八章　项目开发管理 …… 139
　　第一节　策划与谈判 …… 139
　　第二节　评估与审核 …… 145

第九章　项目运营管理 …… 154
　　第一节　项目计划制订与审核 …… 154
　　第二节　现场管理制度制定 …… 156
　　第三节　派遣员工服务管理 …… 160
　　第四节　客户关系管理 …… 163

第十章　项目风险管控 …… 169
　　第一节　风险监管 …… 169
　　第二节　风险处理 …… 172

目　录

第十一章　项目费用管理 ………………………………………… 184
　　第一节　项目费用分析 ……………………………………… 184
　　第二节　项目业绩管理 ……………………………………… 187

第十二章　培训与指导 …………………………………………… 192
　　第一节　人员培训 …………………………………………… 192
　　第二节　业务指导 …………………………………………… 204

第一部分 劳务派遣管理员四级

第一章 项目开发管理

第一节 信息收集与处理

一、信息收集

1. 信息收集的内容

劳务派遣项目的信息收集,一般分为招投标项目信息收集和非招投标项目信息收集。

(1)招投标项目信息收集。招投标项目信息收集是指通过搜索招标信息的形式收集项目信息。劳务派遣管理员要收集招投标项目信息首先需要了解招投标的类型。

1)招投标的类型。招投标的类型是由招标的类型决定的,《中华人民共和国招标投标法》有明确的规定,招标分为公开招标和邀请招标。

①公开招标是指招标人以招标公告的方式邀请不特定的法人或者其他组织投标。

②邀请招标是指招标人以投标邀请书的方式邀请特定的法人或者其他组织投标。

《中华人民共和国招标投标法实施条例》中还规定,国有资金占控股或者主导地位的依法必须进行招标的项目,应当公开招标;但有下列情形之一的,可以邀请招标。一是技术复杂、有特殊要求或者受自然环境限制,只有少量潜在投标人可供选择;二是采用公开招标方式的费用占项目合同金额的比例过大。

2)招投标信息收集的内容。招投标信息收集的内容主要包括以下几个方面。

①项目名称。劳务派遣管理员需准确获取招标方招标项目的名称,以了解该次招

标项目的性质，从而判断自身所在劳务派遣单位是否具有参与投标的可能。

②招标方式。招标分为公开招标和邀请招标。劳务派遣管理员需要了解该次招标是属于公开招标还是邀请招标，以判断自身所在劳务派遣单位是否具有参与投标的资格。

③招标内容。招标内容是招标项目的核心信息，主要包括服务内容以及时间等信息，相当于标的，劳务派遣管理员需要根据此项信息判断自身所在劳务派遣单位是否具有提供相应服务的能力。

④资格要求。招标方会对投标方的资质进行限制，包括注册资金、注册地点、服务能力等，劳务派遣管理员需要准确收集此类信息，并判断自身所在劳务派遣单位是否符合招标方的要求。

⑤投标文件要求。招标方会要求投标方提供各类文件，如标书、报价单、经营许可证、企业法人营业执照、税务登记证等，此类文件往往还有摆放次序、盖章方式、是否复印、一式几份等要求，劳务派遣管理员需要准确收集招标方的相关要求信息。

⑥评标办法。劳务派遣管理员需要准确收集招标方公布的评标办法，以便做好充分的投标准备。

⑦招标文件发放形式。招标文件的发放形式有现场发放，也有通过电子邮箱等形式发放的，劳务派遣管理员需要准确收集招标文件发放形式，以便及时获取招标文件。

⑧交投标时间、地点、方式。招标方会对交投标的时间、地点、方式作出要求，劳务派遣管理员需要准确收集此信息，以免错过招投标时间或使用不规范的方式交投标。

⑨开评标时间。招标方会发布开评标时间，劳务派遣管理员需要准确收集开评标的时间信息，以免错过。

⑩相关联系人。招标方会公布招标项目相关负责人的联系方式，劳务派遣管理员需要准确收集此信息，从而加强与该负责人的联系。

⑪招标单位信息。劳务派遣管理员需要收集招标单位所属行业背景、单位性质、经营规模、业务需求等基础信息。

⑫项目成本信息。劳务派遣管理员还需要收集项目成本和项目服务量测算等相关信息。

（2）非招投标项目信息收集。对于非招投标类项目，劳务派遣管理员需要收集的信息主要有以下几个方面。

1）用工单位信息。劳务派遣项目是在劳务派遣单位与用工单位之间展开的，因此，劳务派遣管理员需要收集用工单位信息，主要包括用工单位所属行业背景、单位性质、经营规模、业务需求、单位信用、关键联系人等基础信息。

2）用工单位要求。用工单位要求是后续合作的基础，将写入劳务派遣协议中，劳务派遣管理员事先收集这些信息可以为后续工作提前做好准备。用工单位要求主要包括派遣的工作岗位名称和岗位性质、工作地点，需要的派遣员工数量和派遣期限、劳动报酬数额和支付方式、社会保险费的数额和支付方式、工作时间和休息休假事项、派遣员工工伤、生育或者患病期间的相关待遇，劳动安全卫生以及培训事项，经济补偿费用等。

3）项目期限。项目期限主要是指劳务派遣业务的合作期限，也是最终签订的劳务派遣协议的期限。

4）费用支付。费用支付主要包括劳务派遣服务费的支付方式和标准等内容。

5）其他。主要包括项目风险、项目可行性等内容。

2. 信息收集的方法

（1）招投标项目信息收集方法。招投标项目信息与一般信息相比较为特殊，其只存在于特定的时间和地点，因此采用一般的信息收集方法难以收集到有效信息。

1）网站查询法。网站查询分为官方网站查询和非官方网站查询。官方查询是指通过中国招标投标公共服务平台及各地方省市招标投标公共服务平台、中国政府采购网及各地方省市政府采购网、全国公共资源交易服务平台及各地方省市公共资源交易网等渠道查询；非官方查询是指通过聚合类招标网站查询，这类网站成立时间早，信息量大，行业认可度、认知度较高，容易找到对应的招标信息。

2）App查询法。随着招投标模式的发展日趋成熟，招投标App也逐渐丰富起来。这些App里面的信息一般都是来自各省市政府及企业的权威信息，支持随时随地进行查询，并能以最快速度得知招投标信息的变化。

（2）非招投标项目信息收集方法。非招投标项目信息的收集一般没有时间限制，可根据需要随时进行。

1）线下收集法。线下收集是指劳务派遣管理员直接拜访项目合作的用工单位并向其收集项目信息。在实地走访过程中，劳务派遣管理员可以灵活运用面谈法、书面资料研究法、关键人物访谈法等方法收集项目信息。

2）线上收集法。线上收集主要有网络查询与远程咨询两种方法。

①网络查询，即通过浏览与项目合作有关的各类网站，直接获取需要的项目信息。

②远程咨询，即劳务派遣管理员通过电话、电子邮件、聊天软件等工具，直接与项目合作方对话，向其咨询项目有关信息。

二、信息处理

不管是招投标项目信息还是非招投标项目信息，收集后都要进行妥善处理。信息处理主要包括建立信息台账和测算项目服务量，项目信息收集与处理的根本目的是为项目开展做准备，以方便劳务派遣单位提前做好规划。

1. 建立信息台账

所谓台账，原指摆放在台上供人翻阅的账簿，后被运用到企业管理中，是指某个项目或事件的明细记录。建立台账能够在台账资料的记录、整理和积累过程中起到自我督促、强化生产管理的作用，是企业管理规范化、标准化、专业化的表现。

（1）信息台账的建立要求。劳务派遣管理员首先需要了解信息台账的形式，以招投标项目信息台账为例，它是将企业参与或意向参与的招投标项目详细记录下来以便查阅使用。招投标项目信息台账样式见表1-1。

◆ 表1-1　招投标项目信息台账样式

序号	项目编号	项目名称	招标单位	招标方式	招标时间	投标时间	投标地点	开标时间	开标地点	联系方式	投标结果

由表1-1可见，建立招投标信息台账，要求劳务派遣管理员准确了解招投标信息，并具备一定的表格处理、数据处理能力。而这些能力对于其他类型的信息台账也是通用的，具体而言，建立信息台账有以下要求。

1）对信息台账建立者的要求。要求信息台账的建立者必须接受过台账管理培训；要及时收集劳务派遣的有关信息，不得拖延；要及时登记信息，不得出错；要对台账信息的真实性承担相应责任。

2）对信息台账制作的要求。信息台账的制作必须规范化，若为纸质台账，则不得涂改损坏；严禁对招投标信息台账弄虚作假，信息台账中的各类相关信息要准确、真实、全面。

（2）信息台账的管理。无论是哪种类型的信息台账，在其建立后，都需要做好维护和更新，台账的建立者（劳务派遣管理员）一般也是台账的管理者。

1）电子台账。电子台账的管理人员要做好台账的更新和备份，最好做云端备份，避免硬件损坏造成台账信息丢失。

2）实体纸质台账。实体纸质台账的管理人员要定期或不定期地对台账进行核对、检查；台账分类要清晰，标题要简明确切；实体纸质台账的存放必须排列有序；要做好台账存放室的清洁、通风工作，做好台账的防腐、防潮、防虫、防灰、防火、防盗管理；台账管理人员可按需求将台账进行复印备份，并妥善保管好原始资料。

另外，无论是电子台账还是实体纸质台账，投标信息台账一般都只供内部人员查阅，若有外部人员查阅，必须经过相关负责人的同意，并做好查询、使用登记。

2. 测算项目服务量

进行项目服务量测算，有利于更好地分配预算、进行人力资源的调配、提升工作效率、合理估算和控制项目成本，以实现精准报价。

（1）测算依据。对于劳务派遣项目来说，项目服务量可根据项目时间、派遣数量、派遣类型3个方面来测算。

1）项目时间。项目时间与项目服务量成正比关系，项目时间越久，服务量就越大。

2）派遣数量。派遣数量是指在劳务派遣项目中，用工单位需要的派遣员工数量，派遣员工数量越多，服务量也就相应越多。

3）派遣类型。基于不同类型的劳务派遣业务，用工单位会有不同的服务要求，例如完全派遣服务，从派遣员工的招聘到退回都由劳务派遣单位负责，但在其他类型的劳务派遣服务中，例如减员派遣、转移派遣等服务，劳务派遣单位则不必负责派遣员工的招聘、培训等工作，因此，其所对应的服务量也就完全不同。

（2）测算方法。常用的测算方法有类比法、项目拆分法、德尔菲法。

1）类比法，也叫经验值法或历史数据法。劳务派遣管理员可根据以前或相似劳务派遣项目所积累的经验或历史数据估算工作量。类比法的精确度取决于历史项目数据的完整性和准确度，因此，用好类比法的前提条件之一是有较好的项目后总结与分析机制。

2）项目拆分法，即将项目分解为具体的工作任务，然后分别对各个工作任务进行时间估算，最终求和得出项目或产品的工作量。具体而言，劳务派遣管理员在运用项目拆分法时要遵循自上而下的原则，即目标、任务、工作、活动，分解后的活动应该结构清晰，从逻辑上形成一个大的活动，集成所有的关键因素，全部活动必须定义清楚。

3）德尔菲法，即专家调查法。劳务派遣管理员可组织有相关经验的专家共同参与项目服务量的估算工作,每位专家单独进行估算,然后汇总讨论,最终得出一个协商后的结果。德尔菲法在数据不足、数据不能反映真实情况、采集数据的时间过长或者付出的代价过高时能发挥至关重要的作用。

第二节　信息审核

一、项目资料审核

1. 项目资料审核的内容

在劳务派遣项目中,若为招投标项目,招标方对投标方的资质会进行审核,必须确保投标方具备完成合作项目的能力和资格,投标方也需要对招标方进行调研与审核,以确保合作伙伴合法、健康地经营。在一般劳务派遣合作中,劳务派遣单位也会对客户单位的资料进行严格审查。根据不同类型的合作方式,需要审核的资料一般包括以下内容。

(1)用工单位(招标方)营业执照。营业执照是工商行政管理机关发给工商企业、个体经营者的准许从事某项生产经营活动的凭证。没有营业执照的工商企业或个体经营者一律不许开业,不得刻制公章、签订合同、注册商标、刊登广告,银行不予开立账户。审核营业执照主要是确保客户单位合法经营。

(2)经营范围。经营范围是指企业可以从事的生产经营与服务项目,是进行公司注册申请时的必填项。经营范围可通过审核客户单位的营业执照明确。核实客户单位经营范围,主要是确认客户单位是否具备从事某项业务的资质。

(3)企业经营状态。企业经营状态是指企业的产品在商品市场上进行销售、服务的现状。审查客户单位的经营状态,能判断客户单位的发展能力和盈利能力,这将成为是否与客户单位进行合作的依据。

(4)开票信息。开票信息是指开发票时需要提供的对方信息,开具增值税普通发票,需要确认对方名称和纳税人识别号;开具增值税专用发票需要对方单位的全称、纳税人识别号、单位地址及电话、银行基本户账号和开户行。开票信息是双方合作交流的重要纽带,开票信息必须准确。

(5)服务要求函件。服务要求函件是指客户单位在合作前发送的合作资料,内容包含双方合作项目的具体内容，如项目内容、资质要求、合作时间等。

2. 项目资料审核的要求

对上述资料的审核，主要有以下几点要求。

（1）准确无误。所有资料必须完全符合国家有关规定要求。如营业执照应依法登记、格式正确，客户单位的经营范围与营业执照描述内容一致；开票信息正确完整，客户单位全称、纳税人识别号等信息一一对应。

（2）高效及时。在双方进行合作时，时间是最为宝贵的资源，这就要求所有资料的审核工作不仅要准确无误，还要高效、及时、快速、迅捷。

（3）内容齐全。根据双方合作的内容，其所需要的所有资料都应该被审核，若客户单位确因客观原因无法提供某项资料，应做好登记备份，约定资料补充时间，并请客户单位签订相应责任书。

二、跟踪项目协议

劳务派遣单位与目标客户合作，应签订项目合作协议，关于合作协议的起草，一般由三级劳务派遣管理员进行，对于四级劳务派遣管理员而言，主要应做好协议起草、修改、签订工作的跟踪与检查。关于项目合作协议的跟踪与检查，按照协议起草、修改、签订3个阶段，主要有以下要求。

1. 协议起草阶段

在协议起草阶段，四级劳务派遣管理员需要做好资料收集与审核工作，并为负责起草协议的三级劳务派遣管理员提供帮助，提醒协议完成时间，并做好起草阶段的工作记录。

2. 协议修改阶段

在协议修改阶段，四级劳务派遣管理员要为协议起草人提供建议，帮助其检查协议漏洞，并做好修改阶段的工作记录。

3. 协议签订阶段

在协议签订阶段，四级劳务派遣管理员要做好协议签订的准备工作，包括签订资料的准备、签订时间的确认、相关人员的通知、场地的确认、签订过程的记录等。

第二章

项目运营管理

第一节　项目计划分解与执行

一、起草工作实施方案

工作实施方案是对工作的具体计划或对某一问题的具体规划，是对工作做出全面、具体而又明确的安排。所以，在劳务派遣管理员日常工作中，掌握工作实施方案的相关知识，对于提高工作效率、科学规划工作有着重要意义。

1. 起草工作实施方案的要求

起草工作实施方案时，应重点注意工作实施方案的内容和格式要求，从而保证工作实施方案的规范性和完整性，其具体要求如下。

（1）起草工作实施方案的内容要求。工作实施方案的内容可以从行文结构、语言表述、实操性等方面进行规范。

1）行文结构。劳务派遣管理员在起草工作实施方案时，必须保证其结构完整，工作实施方案的标题、目的、正文、落款均不可缺少，以保证其框架完整，形成体系。

2）语言表述。劳务派遣管理员在起草工作实施方案时要用书面语言进行表述，内容尽量简洁，避免长篇大论，且不得使用口头语言。同时，工作实施方案还要符合劳务派遣单位的相关公文写作规定，不得自由发挥。

3）实操性。劳务派遣管理员在起草工作实施方案时要和劳务派遣单位的现状紧密联系，从劳务派遣单位的实际出发，工作实施方案的内容实操性要强，要避免不切实际的想法和计划。

（2）起草工作实施方案的格式要求。工作实施方案的格式须和劳务派遣单位的公文写作规范相一致，可从字体、字号、编写体例、文件命名等方面进行规范。

1）字体、字号。工作实施方案的标题和正文均采用相同字体，一般为宋体；工作方案的标题和正文字号不同，符合劳务派遣单位的公文写作要求即可。数字、英文及符号的字体也需统一，以劳务派遣单位的规定为准。

2）编写体例。劳务派遣管理员在起草工作实施方案时应注意编号，一级标题、二级标题、三级标题等内容必须按照固定的编号编写。

3）文件命名。在工作实施方案起草之后，劳务派遣管理员应将其电子文档保存好，可按方案简称、建档日期命名，如"派遣员工绩效考核方案20201202"，并单独建立文件夹，以工作方案的主题、建档日期命名文件夹，并将工作方案的其他相关附件等均放入其中，以便于日后查找。

2. 工作实施方案的内容

（1）标题。劳务派遣管理员在起草工作实施方案标题时应注意以下内容，见表2-1。

● 表2-1　工作实施方案标题起草注意事项

注意事项		详细说明
标题结构	制定主体	发布方案的部门，可省略
	工作内容	计划、项目或工作的内容概要
	文种	该方案的类型
标题设计方法	二要素法	即"内容+方案"，如"安全教育活动方案"
	三要素法	即"部门/人员+内容+方案"，如"派遣员工绩效考核方案"
	四要素法	即"实施时间+部门/人员+内容+方案"，如"2020年12月派遣员工安全生产培训方案"

（2）署名落款。工作实施方案的最后一般要写明方案的制定部门和制定日期，有时也需要写明方案的编制人员、审核人员和批准人员以及相应的日期，所以劳务派遣管理员需要注意方案落款的细节。

（3）正文部分。工作实施方案大都由以下两部分构成。

第一部分是导言或引语。导言或引语要求简明扼要地交代工作实施方案的目的、意义和依据，一般是以"为了……根据……特制定本方案"的形式来表述。这是工作实施方案形成的基础，劳务派遣管理员一定要抓住重点和实质，用简洁的语言表述清楚。

第二部分是方案的基本内容，主要包括以下3个方面。

1）介绍基本情况。例如，劳务派遣管理员在起草派遣员工见面会的实施方案时，需要在工作实施方案中交代清楚见面会的时间、地点、内容、方式、主题以及协办部门等。其中，时间、地点、方式等应具体明确。如果是重大活动的实施方案，基本情况的交代也可以是工作的时间期限、面向的对象、核心和重点。劳务派遣管理员在起草基本情况时，需要从实际需要出发，切忌千篇一律。

2）对相关活动、相关工作按阶段或进程做具体的部署安排。这部分包括各时间段工作的内容、基本任务目标、应对措施、相应的安排和要求，包括人力、财力、物力的组织安排和部署等。简而言之，就是劳务派遣管理员要写明在什么时间、什么地点由哪些人负责哪些工作，采取哪种方式，做到何种程度，这是工作实施方案的核心部分。所以，劳务派遣管理员在起草方案正文时，要具体、详尽、严密，具有可行性且便于操作，努力做到主次分明，从而最大限度地保证工作或活动的顺利开展。

3）对相关问题的处理与解决办法。重要工作的开展其所涉及的问题必然是多方面的，如组织领导、人员经费、财力物力的安排、可能出现的矛盾和问题的解决等，这些都是不可避免而又至关重要的，劳务派遣管理员在起草方案时，务必要考虑全面。

二、分解工作任务

项目计划分解就是将一个项目分解为更多的工作细目或子项目，使项目变得更小、更易于管理和操作。项目计划分解最常用的方法是工作分解结构。工作分解结构是一种将项目的可交付物和活动按照其内在的逻辑结构或实施的过程顺序进行逐层分解而形成树形结构的逻辑示意图。工作分解结构的目的是将项目分解到易于管理和控制的程度，从而为后续的工作（包括项目范围确认、进度控制、质量控制、项目成本控制、人员的安排等）提供有力的支持。

1. 工作分解结构的构成

工作分解结构由3个关键元素构成，即工作、分解、结构。工作是可以产生有形结果的工作任务，分解是一种逐步细分和分类的层级结构，结构是按照一定的模式组织各部分。

2. 工作分解结构的适用条件

工作分解结构可以清晰地表示各项目工作之间的相互联系，劳务派遣管理员可利用其把项目所要做的工作都清楚地展示出来，且确保不漏掉任何重要的事项和任务。

工作分解结构在项目管理中可用于以下4种情况。

（1）定义子项目的属性、范围以及它们之间的内部联系。

（2）为项目的各个独立单元分配人员，并进行责任的划分和指派，以便将项目目标落实到具体工作上。

（3）针对项目各个独立的单元进行时间、费用和资源需要量的估算，进而估计出整个项目的费用和项目周期。

（4）确定项目的工作内容和工作顺序。

3. 工作分解结构的实施步骤

工作分解结构在项目中的具体实施步骤如下。

（1）确定项目的目标。劳务派遣管理员成立专门的项目小组，由其负责制定项目的目标并执行项目。

（2）识别项目特性。项目小组相关人员根据项目特性确定项目分解层次和详细程度。

（3）确定项目管理重点。为项目目标划分优先级别，如确定出项目质量和项目进度的优先级别。

（4）确定每层工作分解结构的划分方法。每个层次工作的划分方法要根据项目的实际情况进行选择。

（5）确定可交付成果。识别若干可交付成果的领域，并描述中间的输出或可交付成果。

（6）进行编码。首先对项目分解的各个层次的子项目进行编码，其次对子项目划分的任务进行编码，照此类推，直到为工作结构分解最底层的工作包编码完毕为止。

（7）编制工作分解结构字典。明确每个子项目、任务、子任务和工作包的负责人、估算交付成果完成所需的时间和成本。

（8）绘制工作分解结构图。根据分解结果，绘制工作分解结构图。

4. 应用要点

使用工作分解结构时应注意以下5个方面的问题。

（1）在工作分解结构过程中，要根据项目的特点，将各种分解方式和方法结合起来，不应简单地使用一种分解方式或方法。

（2）工作分解结构完成之后，最底层的工作包应该非常具体，以便承担工作的组织和个人都能明确自己的任务、努力的目标以及承担的责任。

（3）最底层的工作包应该完整无缺地分派给项目内外的组织或个人，所以各个工作包之间应该有明确而清楚的分界，以便于减少协调工作。

（4）工作分解结构的每个分支并不一定需要分解到相同的层次。

（5）明确项目结构分解过程的实质就是分配角色和职责的过程。

三、填写工作记录

工作记录是一定阶段内工作内容的总结，也是进行下一阶段工作计划的常用工具。在日常工作中，填写工作记录有助于梳理项目计划的完成情况。劳务派遣管理员如果能够合理运用工作记录，对于提高工作效率会有很大的帮助。

工作记录按照时间划分，可分为每日、每周、每月、每季度、每年等。劳务派遣管理员可根据自身实际情况，并询问上级主管，确认工作记录的记录时间。劳务派遣管理员在填写工作记录时，应按照相关填写要求严格执行，具体要求如下。

1. 标题

标题的主题要突出，且格式要统一，可采用"题目+时间范围+名字"的格式，劳务派遣管理员可与上级主管沟通确认工作记录的标题格式。

2. 内容

劳务派遣管理员在填写工作记录时，内容要真实有效，语言要精简，切忌记流水账。

3. 时间

工作记录要准时提交，不得拖延，要养成良好的工作习惯。

4. 总结

在工作记录中，劳务派遣管理员需要有自己归纳总结的内容，针对自身的不足和遇到的问题提出相应的改进措施和策略。

工作记录也有不同的记录方式，可通过 Excel 表进行填写，也可通过 Word 文档进行记录，劳务派遣管理员应按照劳务派遣单位的相关规定，填写工作记录。

工作记录主要包括 3 部分内容，第一部分是项目计划分解的内容，第二部分是实际完成情况，第三部分是遇到的问题或项目完成的评分，劳务派遣管理员可以和上级主管共同商讨，确认具体的工作记录表。

第二节　项目现场管理

一、组织派遣员工见面会

见面会是一种特殊的会议，多用于媒体发布、公司举办活动等，劳务派遣管理员和用工单位共同组织派遣员工见面会，可以让派遣员工更深入地了解用工单位的相关情况，用工单位也可以通过见面会讲述企业自身的管理制度、工作纪律等，通过见面会可以让派遣员工和用工单位对彼此都产生更加深入的了解。

1. 组织见面会的要求

劳务派遣管理员在组织见面会时，需要注意以下几点要求。

（1）明确见面会的目的。劳务派遣管理员需要清楚组织见面会的目的及其带来的最终效果。

（2）充分调动员工的积极性。劳务派遣管理员在组织见面会时，要重点考虑派遣员工的群体特征，鼓励派遣员工踊跃发言。

（3）合理安排见面会时间。劳务派遣管理员在组织见面会时，应考虑用工单位和派遣员工的时间，综合考量后选择最优的见面会时间。

（4）做好突发事件的应急预案。劳务派遣管理员针对见面会可能会发生的突发事件，应提前想好应对措施，并及时稳定人员情绪。

（5）控制财务成本。劳务派遣管理员在准备见面会的相关材料时，应货比三家，尽量选择最优惠的物品，以控制见面会的成本。

2. 组织见面会的技巧

劳务派遣管理员在组织见面会时，为保证整个见面会有条不紊地进行，需要制定详细的日程表，并交与上级领导审批，进行沟通商讨后确定最终版本。如参加人员较多时劳务派遣管理员可先组织筹备会或协调会，其目的在于明确分工、责任到人，使见面会如期顺利举行。在通知有关参会人员时，要详细明确，包括见面会的主题、时间、地点、注意事项、需要携带的物品或文件等。会前做好充分准备，提前到达见面会场地，布置会场，进行演练，发现问题及时修正。

3. 组织见面会的流程

见面会的组织流程主要包括准备阶段、实施阶段及总结阶段的组织，具体内容如下。

（1）准备阶段，包括安排人员、确定场地、编制日程等内容。

1）安排见面会人员。见面会举办前，劳务派遣管理员应梳理参加见面会的派遣员工人数，用工单位确认参加见面会的领导及相关人员名单，再由双方共同确定最终参会人员名单。

2）确定见面会场地。劳务派遣管理员应根据人员名单、见面会主题等，选择见面场地，见面场地一般可选择用工单位的项目现场。

3）编制日程。劳务派遣管理员应收集用工单位关于见面会的相关要求，并根据见面会内容、时间安排、地点等确定见面会日程，编写见面会日程表。

4）发放见面会通知。见面会的人员、场地、日程等信息确定后，劳务派遣管理员和用工单位应通过办公软件、电话、口头等方式通知双方与会人员，使其明确时间、地点、主题等信息。

5）见面会物品准备及场地布置。劳务派遣管理员须准备的见面会物品，主要包括饮用水、席卡、条幅等。如使用水壶，劳务派遣管理员则应提前将水壶灌满水；如使用饮水机，则应保证饮水机的水量充足、运行良好。

劳务派遣管理员应在见面会前1小时根据要求，摆放主要参会人员席卡，并保证席卡摆放正确与整齐。

见面会条幅内容一般为见面会的主题，劳务派遣管理员应至少提前3天制作好条幅且在见面会开始前1小时悬挂好，并保证按要求悬挂美观。

6）其他。劳务派遣管理员应根据见面会需要调节好照明、空调、音响及视频设备，摆好桌椅，并保持会场的环境卫生。

（2）实施阶段，可分为见面会开场、用工单位发言、派遣员工提问及见面会收尾等相关工作。

1）见面会开场。劳务派遣管理员和用工单位相关负责人负责见面会的主持工作，介绍见面会的主题、参会领导和纪律等相关注意事项。劳务派遣管理员在见面会召开的过程中，还需填写会议记录，将见面会的基本情况、内容和结论记录下来。

2）用工单位发言。用工单位相关领导发言，介绍用工单位的整体情况，相关的管理制度、纪律要求等。

3）派遣员工提问。当派遣员工对具体问题有疑问时，可在现场提出，用工单位领导应做详细的解答。

4）见面会收尾。当见面会结尾时，劳务派遣管理员应对见面会做一个详细的总结，对于用工单位和派遣员工双方的意见等进行归纳，以便于日后开展工作。

（3）总结阶段。见面会结束后，劳务派遣管理员应和用工单位的负责人一起整理会场，保证会场清洁卫生。同时，劳务派遣管理员还应对见面会工作进行总结，对其效果进行评价，明确见面会取得的成绩及存在的问题，提出下次见面会举办的工作建议。最后，劳务派遣管理员还应将会议记录和见面会总结报告进行整理、归档。

二、共同开展安全教育活动

由于用工单位的劳务派遣需求多集中于技能岗位，派遣员工的工作场所多在工厂、生产车间等，因此需要特别关注派遣员工的安全防护。劳务派遣管理员和用工单位需要共同组织、安排派遣员工参加安全教育活动，以提高其安全生产意识及自我保护能力，避免安全事故的发生。

1. 开展安全教育的要求

劳务派遣管理员和用工单位在开展安全教育时须知晓其基本要求，具体内容如下。

（1）广泛开展安全生产宣传教育，使派遣员工真正认识到安全生产的重要性和必要性，懂得安全生产和文明工作的科学知识，牢固树立安全第一的思想，自觉遵守各项安全生产法律法规和规章制度。

（2）把安全法规、操作规程、典型案例、急救措施等作为安全教育的主要内容。

（3）建立经常性的安全教育考核制度，考核成绩要记入员工档案。

（4）电工、焊工等特种作业人员必须按照国家有关规定经专门的安全作业培训，取得相应资格后，方可上岗作业。

2. 开展安全教育的内容

开展安全教育的内容主要包括思想教育、现场安全教育、介绍典型案例及现场急救措施3部分，劳务派遣管理员和用工单位在开展安全教育时必须认真、全面，让派遣员工掌握安全教育的全部内容，从而保证自身安全。

（1）思想教育。劳务派遣管理员负责介绍国家关于安全生产的重要方针、法律法规，让派遣员工了解安全生产的重要意义，以此提高其安全防护意识，其主要内容如下。

1）安全生产方针。《中华人民共和国安全生产法》确定了"安全第一、预防为主、综合治理"的安全生产管理基本方针，具体需要遵守的相关原则如下。

①"以人为本"的原则，在生产过程中，必须坚持一切以人的安全为重，将安全排在第一位。必须预先分析危险源，预测和评价危险、有害因素，掌握危险出现的规

律和变化，采取相应的预防措施。

②"管生产必须管安全"的原则，工程项目各级领导和全体员工在生产过程中必须坚持在抓生产的同时抓好安全工作。生产和安全是一个有机的整体，两者不能分割更不能对立起来，应将安全寓于生产之中。

③"安全具有否决权"的原则，安全生产工作是衡量工程项目管理水平的一项决定性内容，评优创先时必须首先考虑安全指标的完成情况。若安全指标没有实现，则项目整体就应评估为不合格，安全具有一票否决的作用。

④"三同时"原则，基本建设项目中的职业安全、卫生技术和环境保护等措施和设施，必须与主体工程同时设计、同时施工、同时投产使用。

⑤"四不放过"原则，事故原因未查清不放过，当事人和群众没有受到教育不放过，事故责任人未受到处理不放过，没有制定切实可行的预防措施不放过。

⑥"三个同步"原则，安全生产与经济建设、深化改革、技术改造同步规划、同步发展、同步实施。

2）安全生产法律法规。安全生产法律法规的出台是为保护劳动者，为他们的安全健康提供法律保障，能够进一步加强安全生产责任的法制化管理，指导和推动安全生产工作的开展，同时推动生产力的发展，保证企业效益的实现和国家经济建设事业的顺利发展。

我国安全生产相关法律法规包括《中华人民共和国安全生产法》《中华人民共和国消防法》《中华人民共和国职业病防治法》《中华人民共和国劳动法》《中华人民共和国劳动合同法》《中华人民共和国突发事件应对法》《危险化学品安全管理条例》《劳动保障监察条例》《建设工程安全生产管理条例》等。

（2）现场安全教育。用工单位向派遣员工介绍项目现场的安全要求等，其主要内容有以下几个方面。

1）学习安全生产基本知识及用工单位规章制度和劳动纪律。

2）了解用工单位现场环境概况、生产性质、生产任务、生产工艺流程及其特点、安全管理形式、安全操作规程、现场危险区域情况、有毒有害作业点情况及必须遵守的安全事项。

3）了解用工单位的工作岗位特点及安全操作规程、劳动防护用品的正确使用和保管、本岗位易发生事故的不安全因素及应对措施，并进行安全操作示范。

4）学习劳动防护用品发放标准及劳动防护用品使用的要求等，具体要求如下。

①劳动防护用品发放。用工单位应根据劳动防护用品配备相关标准向派遣员工发放劳动防护用品。

②劳动防护用品的使用。用工单位应将劳动防护用品的使用方法和要求传授给派遣员工，并需要对派遣员工使用劳动防护用品的情况进行监督检查，确保劳动防护用品得到正确的使用。

首先，劳动防护用品使用前应进行外观检查。检查的目的是认定该用品对有害因素防护的效能。检查用品外观有无缺陷或损坏，各部件组装是否严密、启动是否灵活等。

其次，检查劳动防护用品的使用是否在其性能范围内，不得超期限使用；不得使用未经国家指定、未经监测部门认可和检测尚未达标（国家标准）的产品；劳动防护用品不能随便代替，更不能以次充好。

最后，要严格按照使用说明书的要求正确使用劳动防护用品。

（3）介绍典型案例及现场急救措施。用工单位项目现场负责人介绍近期发生的安全事故，使派遣员工提高安全警惕，增强安全意识。

加强现场急救措施的教育培训力度，让派遣员工掌握急救措施，在医护人员到来前尽量保护伤员，避免二次受伤。派遣员工需掌握的急救措施，具体包括以下几个方面。

1）意外伤害急救措施。遇到意外伤害时，不要惊慌失措，要保持镇静，并维持好现场的秩序，在周围环境不危及生命的情况下，一般不要轻易搬动伤员，并且暂时不要让伤员喝任何饮料或进食。当现场无人时，应向周围大声呼救，请求帮助或设法联系有关部门，不要单独留下伤员令其无人照管。另外，应立即向有关部门报告事故现场、伤员人数、受伤程度、伤情处理等情况，还要根据伤情对伤员进行分类抢救，遵循先重后轻、先急后缓、先近后远的原则。

2）触电急救措施。触电急救最重要的原则是动作迅速。快速、正确地使触电者脱离电源、快速正确地急救。争取时间就是争取生命。触电急救现场常用的救护方法是人工呼吸法和胸外心脏挤压法。两种救护方法的具体操作如下。

①人工呼吸法。人工呼吸以口对口呼吸法效果最好。捏紧触电者鼻孔，深吸一口气后紧贴触电者的口向其内吹气，时间约为2秒，吹气完毕后，立即离开触电者的口，并松开其鼻孔，让其自行呼气，时间约3秒，每分钟约12次。

②胸外心脏挤压法。救护者跪在触电者一侧或骑跪在其腰部两侧，两手相叠，手掌根部放在伤者心窝上方、胸骨下方，掌根用力垂直向下挤压，压出心脏里的血液，挤压后迅速松开，使胸部自动复原、血液充满心脏，以每分钟60次的速度进行。

3）中暑急救措施。中暑是由于高温、日晒引起的一种急性疾病。中暑后会出现头晕、头痛、全身无力、口渴、心悸、恶心、呕吐等症状，严重时会突然晕倒。中暑可分为先兆中暑、轻症中暑及重症中暑。遇到员工中暑后，应让其立即离开高温环境，将其转移到阴凉通风处休息，并解开衣服，呈平卧姿势，同时让患者多喝含盐饮料。对于先兆中暑者，可不进行特殊治疗，让他自然恢复正常即可。对于重症中暑病人，要立即送往医院进行抢救治疗。

三、项目现场沟通

由于派遣员工是在用工单位从事工作，劳务派遣管理员往往不能及时了解派遣员工的实际工作情况和其遇到的问题。通过现场面对面的沟通，劳务派遣管理员则可以进一步了解派遣员工在用工单位的实际工作情况和基本生活情况，及时解决派遣员工遇到的问题，展现人文关怀，且在一定程度上降低派遣员工的离职率。

1. 项目现场沟通的方法

劳务派遣管理员在进行现场沟通时，自身需要掌握一些沟通方法，从而提高获取信息的有效性和真实性。劳务派遣管理员可参考以下方法提升自己的沟通能力。

（1）积极倾听派遣员工的发言，理解派遣员工，给予信任和鼓励。

（2）选择合适的沟通环境和时间。尽量避开就餐时间，以免派遣员工无心进行沟通。

（3）提前和派遣员工预约，让其做好准备。

（4）多用肯定语气，少使用否定语句，不用攻击、伤害、批评、讽刺的语言。

（5）针对不同派遣员工的性格特点，采取不同的沟通方式，并加以灵活变通。

2. 项目现场沟通的内容

劳务派遣管理员实施项目现场沟通，可以分为准备阶段、实施阶段、总结阶段，具体内容如下。

（1）准备阶段。劳务派遣管理员可从沟通主题、沟通目标等方面开展沟通。

1）确定沟通内容。劳务派遣管理员在实施现场沟通前，要先和上级主管确认现场沟通的主要内容，围绕派遣员工的工作完成情况、工作适应程度、身心健康问题等进行。

2）设计沟通问题。劳务派遣管理员根据已确认的沟通内容设计相关问题。例如：你在工作中有没有遇到过困难，如果遇到了是否得到了解决等问题。

3）设计沟通记录表。劳务派遣管理员结合沟通问题，设计相应的记录表，以便在和派遣员工沟通时方便记录，便于沟通工作的总结。沟通记录样式见表2-2。

表2-2 派遣员工沟通记录表样式

沟通目的： 1. 增加对派遣员工的关心度，增强派遣员工的归属感 2. 及时了解派遣员工的心理变化，对派遣员工进行心理及相关工作的辅导 3. 降低离职率			
沟通时间		沟通地点	用工单位项目现场
沟通人		沟通对象	
沟通对象所在部门、岗位			
沟通内容	1. 你这段时间的工作感受如何？ 2. 你现在工作时碰到的最大困惑是什么？经常会遇到哪些难题？ 3. 你现在能适应这份工作的强度吗？ 4. 你对现在的生活状况满意吗？ 5. 对于用工单位或者公司你有什么期望或认为有哪些可以改进的地方？			

（2）实施阶段。劳务派遣管理员在进行沟通时，尽量不要直奔主题，而是应寻找合适的话题引入交谈，以缓和派遣员工的情绪，具体内容如下。

1）导入阶段。劳务派遣管理员在用工单位项目现场与派遣员工进行沟通时，应先引入轻松的话题，例如天气、饮食、爱好等，以此缓解其紧张的情绪，从而便于沟通的开展。

2）核心阶段。劳务派遣管理员在话题引入后，可正式开始沟通。按照事先准备的问题和派遣员工进行交谈，并详细记录其给出的回答，对于他们提出的问题，若能及时解答应第一时间解答，如不能及时解答的，可向派遣员工承诺时间期限，并在期限内予以解答。

另外，劳务派遣管理员可引导派遣员工主动提问，当他们提出沟通记录表以外的问题时，劳务派遣管理员应加倍关注，并做好详细记录，以便于沟通后的总结。

3）结束阶段。劳务派遣管理员在确认派遣员工没有疑问后，即可礼貌地结束本次沟通。

（3）总结阶段。劳务派遣管理员在与相关派遣员工进行沟通后，要对沟通记录表进行整理、总结。对于派遣员工提出的相关问题，应向上级主管部门进行反馈、沟通，并制定解决措施，问题解决之后要通知派遣员工，告知相关问题已经解决。

第三节　派遣员工服务管理

一、派遣员工招聘管理

劳务派遣管理员在整个招聘过程中，要对涉及的派遣员工资料进行妥善保管，以便于日后查找。

1. 招聘信息发布

劳务派遣管理员根据上级主管制订的招聘计划和用工单位的用人条件与标准，在已确定的招聘渠道上发布招聘信息，以吸引适合的应聘者，达到预期的效果。

一般的招聘信息发布渠道有平面媒体（报纸、杂志等）、网络、校园招聘、人才交流会等。在上级主管确定招聘渠道后，劳务派遣管理员可在此渠道上发布招聘信息。

目前，招聘信息的发布应用最广泛的是网络招聘渠道，包括企业自身网站、第三方招聘网站等。

（1）企业自身网站。广义的企业自身网站招聘除企业在进行网络营销和形象宣传的互联网平台上招聘外，还包括企业在微博、微信公众号上的招聘。劳务派遣管理员将编写的招聘信息及时发布在企业自身的各大传播平台上即可。

（2）第三方招聘网站。第三方招聘网站主要包括综合性人才招聘网站、行业招聘网站、论坛社区招聘3个类型，劳务派遣管理员和上级主管沟通后应选择最适合的第三方招聘网站。

劳务派遣管理员在发布招聘信息之前，应先对拟发布的内容进行仔细认真的审查，保证招聘信息表述清晰，文字内容符合国家相关法律法规，不存在民族歧视、性别歧视、侵犯他人合法权益等情况，具体内容见表2-3。

● 表2-3 招聘信息审查的内容

审查事项		具体内容
真实性		保证招聘信息的内容客观、真实，对虚假广告要承担法律责任
		招聘信息中涉及录用人员的劳动合同、薪酬、福利等政策必须兑现
合法性	信息合规	招聘信息中出现的内容要符合国家及地方的法律法规和政策规定
	规避歧视问题	招聘信息中应避免性别歧视、年龄歧视、学历歧视、宗教歧视、民族歧视等问题
	规避违法问题	不得以招聘为由谋取不正当利益，不能向应聘者收取费用，不能私扣应聘者相关证件用作抵押
		未经应聘者同意，不得擅自发布、泄露应聘者的资料和信息，不能擅自使用应聘者的技术和智力成果
其他技巧	主题	招聘信息的主题明确，符合劳务派遣单位的目标
	简洁	招聘信息的内容简洁明了，应以较少的文字对工作要求和所需资格进行说明，以突出招聘信息的重点
	生动	招聘信息对应聘者要具有吸引力，能触发他们的感情，具有引发应聘行为的刺激力
	统一	招聘信息之间应有机联系，与表达主题关系不密切和易产生歧义的内容应删掉
	平衡	招聘信息各要素在布局上要正确配置，使其表述的信息完善、协调，在编排过程中应有主有次，精心策划，应不断修正招聘信息的标题、正文、标语、图形，以达到最佳宣传效果

　　选定招聘网站后，应根据网站申请提示，上传营业执照等证件，并开通企业账号。网站一般会给予临时会员一定时期的免费试用期，在此期间招聘职位数和下载简历的数量有限，所以劳务派遣管理员需要在试用期过后及时缴费，以便能够搜索到更多的候选人。

　　发布招聘信息后，劳务派遣管理员需要定期进行刷新管理，以提高企业招聘信息的曝光率。大多数专业招聘网站都会提供每日刷新服务，刷新后其职位会在同类别职位中排名靠前。选择适宜的时间进行刷新能够便于应聘者查找职位信息，增加职位被搜索的概率，因此，劳务派遣管理员应当充分利用招聘网站的刷新功能来提升招聘效果。

　　劳务派遣管理员发布招聘信息后不能置之不理，而是需要定期查看应聘效果，及时回复应聘者提出的问题，给予应聘者充分的尊重，以此提高公司在应聘者心中的形象。

2. 简历收集与筛选

（1）简历收集。劳务派遣管理员在收集简历时，主要有两种情况，具体内容如下。

1）主动投递简历收集。一般情况下，劳务派遣管理员会收到两种形式的简历：一种是应聘者打印出来的纸质简历，另一种是应聘者发到公司邮箱的简历或是根据招聘网站的设置填写的电子简历。无论是哪种简历，劳务派遣管理员都应该做好相应的信息收集工作。

①纸质简历信息收集。在收集纸质简历信息时，劳务派遣管理员应首先将整个招聘时间段内收集到的所有简历放在一起，并按照职位对简历进行分类，然后根据关键词进行收集。

如果按照"教育经历"这项内容进行简历收集，劳务派遣管理员就可以将具有相同学历的简历分为一类，并按某种标准进行排序。

如果按照"工作经历"这项内容收集简历信息，劳务派遣管理员则应该按照职位要求对简历进行收集，如市场专员职位，可以对有"市场宣传经验""市场活动策划经验""促销活动管理经验"等方面的简历进行收集；如果劳务派遣管理员招收"招聘专员"，可以首先收集有"招聘工作经验""从事过招聘工作"的简历。

②电子简历信息收集。对于电子简历，劳务派遣管理员应根据公司具体招聘职位要求等对简历进行有目的的查看。如招聘"市场专员"，就应挑选应聘"市场专员"职位或应聘与该职位相近的职位的应聘者简历进行下载，然后查看所挑选出简历的"工作经历""教育经历""个人鉴定"等信息，再根据这些项目对简历进行有序收集。

2）系统匹配简历收集。系统匹配简历通常是指劳务派遣管理员在招聘网站上输入招聘职位名称，搜索与招聘职位一致或相近的应聘简历。

在使用系统匹配度收集简历信息时，劳务派遣管理员应注意以下事项。

①收集简历前，劳务派遣管理员应对招聘网站的简历库进行更新，以便更多地收集应聘者的简历。

②在收集简历时，可以利用关键词进行搜索，如收集与"项目助理"相关的简历可以搜索"项目管理""项目运营"等关键词。

③根据招聘岗位要求及特点设置简历收集关键词，可以根据"招聘岗位名称""工作经历""教育背景""自我评价"等关键词进行全面搜索。

④根据简历收集的情况设置系统匹配度，如果收集的简历很多，可将匹配度设置为80%，如果收集的简历较少，则要对匹配度进行调整。

熟悉以上注意事项后，劳务派遣管理员就可以根据系统匹配度收集应聘者的简历，对其进行导出或下载操作并打印出来，即可开始简历筛选工作。

（2）简历筛选。劳务派遣管理员收集完简历后，应对其进行进一步筛选。劳务派遣管理员应熟悉简历筛选的步骤，掌握简历筛选的相关方法，提高简历筛选效率，从而确保进入下一环节应聘者的质量。劳务派遣管理员可从以下几个方面学习简历筛选的方法。

1）分析简历结构。应聘简历最基本的结构内容至少应当包括3项：应聘者的个人基本信息、应聘者接受教育的情况、应聘者的工作经验。

①应聘者的个人基本信息，应包括姓名、应聘意向、地址、邮编、电话、电子邮箱等内容。这项内容宜放在简历第一页的上部，以方便劳务派遣管理员进行联系。

②应聘者的接受教育情况，应包括何时、何校、何种学历或者学位，应把最高的学历或者学位放在最前面，然后依次往前推导。

③应聘者的工作经验，应该与申请岗位的工作内容相关，应采取由近及远的顺序安排。

2）审查客观内容。劳务派遣管理员查看简历的客观内容，主要包括应聘者的工作经历和个人成绩两个方面，具体可以从以下7个方面来判断。

①工作内容。简历的工作内容是否与用工单位要求的工作内容吻合。

②跳槽的频率。查看简历中跳槽的频率，如果经常跳槽，则说明其工作的稳定性比较差。一般而言，如果出现三年内跳槽频率较高，则基本可以判断该应聘者的工作稳定性较差，跳槽频繁的简历（部分）示例见表2-4。

● 表2-4 跳槽频繁的简历（部分）

简历内容	工作时间
2020年1月—2020年6月：××电子技术有限公司 岗位：软件研发部开发工程师 职责：略	5个月
2019年4月—2019年10月：××科技发展有限公司 岗位：技术支持工程师 职责：略	6个月
2018年7月—2019年2月：××信息技术有限公司 岗位：信息维护工程师 职责：略	8个月

③工作时间。如果简历上工作时间中出现较长时间的空档期，则应该在面试时重点关注。

④工作所属行业的跨度。一般而言，有明确职业定位的人都会限定在某个行业内工作，如果简历上行业跨度大，且不具有相关性，则可以看出该应聘者职业定位模糊。

⑤应聘者的经验与岗位要求。应聘者的经验与岗位要求是否匹配，例如，如果应聘者已经达到一个相对较高的职位，而来应聘一个较低的职位，则需要考察其动机是什么。

⑥工作时间长短与专业深度的符合情况。如果发现简历中的工作时间短，而实践的内容比较精深，则需要在面试时重点考察。

⑦个人成绩。主要查看应聘者所述个人成绩是否真实，是否与职位要求相符。主要考察学习成绩与个人荣誉。其中个人荣誉应与所应聘职位相关。

3）判断匹配程度。在筛选简历的过程中，简历与招聘岗位的匹配度是一个很关键的问题，可以根据以下内容进行判断。

①硬性指标。由于应聘者数量较多，劳务派遣管理员没有足够的时间把每份简历都看一遍。所以接收到简历后，劳务派遣管理员应借助企业的招聘系统或者操作后台，根据该岗位设定一些指标，把不符合指标的应聘者直接筛掉。这就涉及一个概念——硬性指标。

简历硬性指标就是一些固定类标准的指标，它们往往作为简历筛选的第一关。表 2-5 所示的硬性指标被很多企业所采用。

◆ 表 2-5　简历筛选的硬性指标

硬性指标	内容说明
学历	了解应聘者受教育的情况，其中要特别注意其是否使用了一些含糊的表述，如是否注明了大学教育的起止时间和类别等
专业	主要查看应聘者所学专业是否与招聘岗位对口
个人成绩	主要查看应聘者的成绩是否与岗位要求相符
相关证书	如英语等级证书、计算机等级证书等
工作经验	主要查看应聘者总工作时间的长短、跳槽或转岗频率、每项工作具体时间的长短、工作时间衔接等
工作内容	查看应聘者以往的工作经历是否与岗位工作内容相符

部分岗位对应聘者的形象有一定的要求，例如空乘人员、前台岗位等，劳务派遣管理员需特别注意。另外，用工单位也会有自身的招聘要求及一些硬性指标。所以，劳务派遣管理员在筛选简历时，如果其中一项硬性指标与招聘岗位要求不符，即可筛选掉。

②软性指标。劳务派遣管理员可以通过软性指标来对应聘者作出一个初步的判断，并决定是否让其参加下一轮的考核。

查看应聘者简历中的主观内容，主要是查看其自我评价、个人描述等信息，若这些描述与工作经历描述相互矛盾、不相称的地方较多，则可直接筛选掉。例如，一份简历在描述自己的工作经历时，列举了一些著名的企业或一些高级岗位，而其所应聘的却是一个普通岗位，这就需要引起注意。

其次，还应看应聘者的职业发展方向，分析应聘的岗位与其职业发展方向是否一致。

③其他条件。若应聘者在简历中注明了一些条件，如待遇要求过高等，则可以将其直接排除。

4）审查简历逻辑性。逻辑性就是整份简历的结构是否清晰，内容表达是否连贯，前后对接是否存在问题。

具体来说，劳务派遣管理员可以从以下4个方面来判断一份简历是否具备良好的逻辑性。

①突出重点。简历要有聚焦的核心，围绕重点去描述。如果简历中的语言东拉西扯，就会显得异常混乱，使逻辑性变差。

②简历中的关系信息逻辑。在简历中最能够体现逻辑性的就是各种关系信息，例如一些逻辑关联词的使用，涉及的因果关系一定要表述正确。

③内容结构紧凑。简历在内容表述的时候，其结构上一般都呈金字塔形。处于最顶端的是求职目标，其次是自身能够达到的目标以及个人的素质，最后才是各方面的证明素材。这种结构的说服力更强，其逻辑性较强。

④整体信息完整。简历不仅要求简洁明了，还要求信息完整，包括求职意向、应聘者信息、工作经历、教育背景、个人能力等缺一不可。

5）审查简历整体印象。查看简历的整体印象，劳务派遣管理员主要可从以下3个方面进行判断。

①简历制作是否用心。这方面主要查看应聘者简历书写是否规范、整洁、美观，有无错别字，以及通过阅读简历给劳务派遣管理员留下的印象如何。

如果简历中错别字较多，可以判断出应聘者较为粗心。如果简历特别有层次感，逻辑性强，重点突出，说明应聘者思路清晰。

②查看应聘者投递的岗位。如果应聘者既应聘人事助理，又应聘客服专员，说明该应聘者岗位目标不明确，应聘方向模糊。

③查看简历投递时间。如果在短时间内（1天以内）连续投2份及以上的简历，

基本可以判断这个应聘者不够细心，连当天投过的公司都不记得。相反，如果间隔时间较长（一周以上）又投简历的，可以看出应聘者对这一岗位特别感兴趣。

6）挤掉简历中的"水分"。部分应聘者的应聘心理是尽量美化自己的简历，增加面试概率。然而，这却增加了劳务派遣管理员的工作量。因为他们必须提高自己甄别信息的能力，以便识别出简历中的"水分"。

为了有效挤掉应聘者简历中的水分，劳务派遣管理员首先要弄清楚一般简历会在什么地方"注水"。大多数简历都会在学历、薪酬、工作经历等方面"注水"。

①学历信息核实。学历信息比较容易解决，通过查询学信网就可以把假学历辨别出来，如果在面试的时候让应聘者提供学历证书的复印件予以核实，则很快就可以把造假的简历筛选出来。

②薪酬信息核实。分辨应聘者原薪酬的真伪，可以根据对方原来的岗位、行业背景、所在企业的背景等，来判断应聘者提供的原薪酬信息是否真实。如果原来其所就职的是一个微利行业的普通岗位，但应聘者却夸大自己的年薪收入，这显然是不符合实际的。

3. 面试

劳务派遣管理员对简历进行筛选，汇总简历通过后的人员名单，进入面试环节。劳务派遣管理员通过面试可以初步了解应聘者所掌握的知识、技术以及个人能力等相关信息；应聘者可以初步了解用工单位的整体状况及所应聘岗位的情况。

面试的流程主要分为准备阶段、实施阶段、评估阶段，具体内容如下。

（1）准备阶段。劳务派遣管理员在面试准备阶段，需要发送面试通知、布置面试场地、选择面试方法、设计面试题目及确定面试评价标准。

1）发送面试通知。劳务派遣管理员根据参加面试的人员数量确定面试的时间，选择最合适的面试通知方式，避免通知漏发、错发等现象的发生。面试通知的方式一般有短信通知、电话通知、邮件通知等，劳务派遣管理员应结合劳务派遣公司和用工单位的实际情况，选择最便捷的通知方式。

劳务派遣管理员根据面试的具体要求，编写面试通知信息，通知信息中必须明确说明面试时间、面试地点、特殊要求、注意事项等。面试通知书样式如图2-1所示。

2）布置面试场地。劳务派遣管理员在选择面试场地时，应该选择安静、舒适和适宜的环境，以利于营造宽松的气氛。面试环境布置还应注意面试官与应聘者的位置，面试官与应聘者座位应形成一定的角度，以缓解应聘者的紧张感，避免心理上的冲突。

```
面试通知书

××先生/女生：
　　你好！
　　首先感谢你应聘××岗位，经过初步的简历筛选，你的基本条件符合我公司应聘要求，为了进一步增进彼此的了解，请于____月____日____时来本公司参加面试。
　　一、面试须携带下列个人资料
　　1. 身份证
　　2. 成绩单、资格证书、荣誉证书等原件及复印件
　　3. 2寸免冠彩色照片2张
　　二、参加面试的人员请着正装
　　如不能按时参加面试，请于接到本通知后__日内告知本公司，否则视为自动放弃。
　　公司地址：_____
　　乘车路线：_____
　　联系人：_____　　联系电话：_____
　　预祝面试成功！
　　　　　　　　　　　　　　　　　　××劳务派遣有限公司
　　　　　　　　　　　　　　　　　　____年____月____日
```

图2-1　面试通知书样式

3）选择面试方法。根据不同的划分标准，面试有不同的操作方法，劳务派遣管理员首先应熟悉每种面试的特点，然后根据应聘者和公司的实际情况，选择最合适的面试方法。在此介绍几种面试的具体方法。

①根据人数的多少划分，面试可以分为个人面试和集体面试两种。

②根据结构化程度划分，面试可分为以下3种。

结构化面试是根据面试前预先设计的具有一定次序的一系列问题对应聘者进行提问并对其回答进行评估的面试方式。此种面试方式在面试之前已有一个问题清单和提问框架，面试人员只需根据问题清单进行提问，并根据应聘者的回答进行评估即可。

非结构化面试是面试内容、提问次序事先都未确定，面试人员只要根据岗位的基本情况与应聘者交谈即可，给予应聘者充分展现自己的机会，旨在考察应聘者是否具备岗位所需的知识技能。

混合式面试是将结构化面试和非结构化面试结合起来，即先设计几个通用的问题向应聘者提问，再随机与应聘者进行交谈，让其自由发表议论，充分发挥自己的能力和潜力。

③根据压力的大小划分。根据压力大小的不同，面试可以分为行为描述式面试、压力面试两种方式。

行为描述式面试是通过在应聘者过去的资料中发现的完整行为事例来推测其工作表现（能力）的一种面试方法。它主要围绕应聘者某一行为的情境、工作任务、工作

结果和个人能力而展开。一个完整的行为事件应包含以下4个因素，简称"STAR"。

  a. 情景（Situation）：行为事件发生所处的环境/背景。

  b. 任务（Task）：在一定情境下所需达到的目标。

  c. 行动（Action）：为达到该目标需采取的行动。

  d. 结果（Result）：该事件所产生的结果/效果。

  此方法在具体的运用过程中，面试人员会要求应聘者就某个具体行为事件按照上述4要素展开，描述事件所处的环境，应试者当时是如何进行的，需要达到什么样的目标，最后的结果如何。面试人员根据应聘者对以上内容的回答可以了解其分析判断能力、解决问题的能力、计划组织能力等多方面的信息。

  压力面试是指面试人员故意制造紧张的气氛，以了解应聘者在外界压力环境下如何反应的一种面试方法。面试人员会问一些让应聘者比较难堪的问题或者针对应试者不愿回答的某一问题做一连串的发问，直到应聘者无法回答。这个方法主要考察应聘者的灵活应变能力、情绪控制能力及心理素质等。

  4）设计面试题目。在确定面试类型后，应根据不同的面试类型设计相对应的题目。劳务派遣管理员应了解设计面试题目时需要遵循的原则，主要包括针对性原则、代表性原则、延展性原则、时效性原则。

  ①针对性原则。面试题目应根据面试的目的，围绕岗位需求、应聘者的状况及面试本身的特点来设计。

  面试是针对岗位进行招聘或选拔的，所以题目设计要紧密围绕岗位胜任素质确定，应充分体现不同部门、不同岗位工作要求的特点，突出岗位需求经常性、稳定性、经典性的内容。

  面试题目要考虑到应聘者的状况，包括应聘者的教育经历、专业背景、工作经历等，以达到有针对性选拔的目的。

  与笔试相比，在面试中一般不会设计太多纯知识性的问题，而是更侧重考察拟招聘职位所需的能力、潜力、个性特征等。

  ②代表性原则。题目的代表性是指面试题目应在某一方面具有一定鉴别性。面试中的题目既要有一定的难度，又要有一定的鉴别力，能够将同一测评要素上处于不同水平的被测评者划分开，以达到准确测试某一特定素质的目的。

  ③延展性原则。题目的延展性原则是指面试题目的形式及内容应具有一定的灵活性，面试题目应给应聘者留有创新的空间，能够调动其积极性，也要形成面试所需要的融洽氛围，各面试题目之间要相互联系、相互印证，形成面试的有机整体。

  ④时效性原则。面试题目在选取时应注重现实生活中富有意义的热点或社会问题，

应具有一定的时效性。

设计面试题目时，除应按照上述原则设计外，还需考虑针对不同的应聘者从多个方面考察其特定能力，面试的问题也应有所不同，本书列举了一些面试题目的示例，见表2-6。

● 表2-6 面试题目示例

第一部分	
能力维度	面试题目
专业技能	1. 你为什么来面试×××职位？对于这个工作你有什么专业技能？ 2. 请简述一下你认为自己能做××工作的理由。
纪律性	1. 如果有紧急情况发生，需要临时安排你值班，你会怎么做？ 2. 如果你跟交接班的同事发生了矛盾，他把不属于你的工作留给你，你会怎么做？
第二部分	
工作类别	面试题目
保洁类	1. 你在家里经常做家务吗？ 2. 如果有一天保洁用具突然消失了，你会怎么做？ 3. 假如到了打扫时间，却发现值班人员不在，也拿不到钥匙开门，你会怎么办？
安保类	1. 作为安保人员，如遇到陌生人到门岗对你说要找你们公司的领导，你会如何处理？ 2. 深夜遇到盗贼团伙潜入公司，而此时你孤身一人，你会怎么做？

5）确定面试评价标准。针对面试中的每一个测评要素，应确定规范的、可操作的评价标准。评价标准多用于结构化面试中，劳务派遣管理员只需结合实际情况做相应的修改即可。

首先，评价标准应规定每个要素严格的操作定义和面试中的观察要点。其次，评价标准需要规定每个评分等级（如优秀、良好、一般、较差）所对应的行为评价标准，从而使对应聘者的评价有一个统一的标准。最后，评价标准要规定各测评要素的权重，以分清要素的主次。

（2）实施阶段。在面试实施阶段，劳务派遣管理员应把握好面试进度，有条不紊地实施面试。面试的步骤可以分为5步，包括开始阶段、导入阶段、核心阶段、应聘者提问阶段以及结束阶段，具体内容如下。

1）开始阶段。劳务派遣管理员与应聘者第一次接触。为了消除应聘者的紧张情绪，为面试创造友好轻松的氛围，劳务派遣管理员可先问一些轻松的、与面试不甚相关的问题,如"今天天气不错"等。

2)导入阶段。在这一阶段劳务派遣管理员应提出一些比较通用的、应聘者比较熟悉并且可能有所准备的问题,如"请你用1分钟时间简单介绍一下自己""请简单谈一下你的教育经历""到目前为止,对你影响最大的人是谁"等。

3)核心阶段。进入面试核心阶段,即对应聘者进行岗位胜任能力的测评,可提出一些行为性问题、情景模拟性问题等,并根据应聘者的回答对其各项岗位胜任能力做出评价,如"你在哪方面的优势可以胜任该职位"。

4)应聘者提问阶段。劳务派遣管理员提问完后,在结束面试之前应给予应聘者提问的机会,如"请问你还有什么需要补充的吗""对我们公司或你的求职岗位,你还有什么需要了解的吗"。

5)结束阶段。在结束面试时,不管录用与否,劳务派遣管理员均应礼貌地感谢应聘者前来参加面试,并将下一步的面试程序告知对方,如"面试结果将在一周内公布,我们会以邮件的方式通知你"。

(3)评估阶段。劳务派遣管理员在所有应聘者面试结束后,应整理汇总面试情况,填写相应的面试评分表,根据最终面试结果,选择合格的应聘者。

劳务派遣管理员依据已确定的评价标准,计算统计应聘者的面试结果。结构化面试评分表样式见表2-7。

● 表2-7 结构化面试评分表样式

序号			姓名		性别		
应聘职位			学历		年龄		
测评要素	语言表达	综合分析能力	应变能力	人际交往能力	计划组织协调能力	举止仪表	合计
权重	15	20	20	15	20	10	100
观察要点	·口齿是否清晰,语言是否流畅 ·用词是否得当,意思表达是否准确 ·内容是否有条理和逻辑性	·能否对问题或现象做深入剖析 ·对问题或现象产生的根源有无认识 ·能否针对问题或现象提出相应对策,对策是否可行 ·有无独到见解	·面对压力或问题情绪是否稳定 ·思维反应是否敏捷 ·考虑问题是否周全 ·解决办法是否有效可行	·有无主动与人合作的意识 ·能否与人进行有效沟通 ·对人际关系的处理是否违背原则或者影响工作	·能否根据工作目标预见有利因素和不利因素 ·能否根据现实需要和长远效益做出计划、决策 ·能否合理配置人财物等资源	·穿着打扮是否得体 ·言行举止是否符合一般的礼节 ·有无多余的动作	—

续表

测评要素		语言表达	综合分析能力	应变能力	人际交往能力	计划组织协调能力	举止仪表	合计
评分标准	好	11~15	15~20	15~20	11~15	15~20	8~10	—
	中	6~10	7~14	7~14	6~10	7~14	4~7	—
	差	0~5	0~6	0~6	0~5	0~6	0~3	—
要素得分								
评语					签名：			

4. 录用通知书的制作与发放

劳务派遣管理员确定了录用人选后，应及时向应聘者发放录用通知书。在通知书中，应说明报到时间和地点等内容，并写明新员工入职所须携带的资料物品等信息。录用通知书样式如图 2-2 所示。

```
                        ××公司录用通知书
××先生/女士：
    你好！
    通过我公司的招聘选拔程序，你已被确定符合岗位条件并得到录用。欢迎你成为_____劳务派遣有限公司的员工，请你仔细阅读以下内容，按要求备齐相关资料，在指定时间内到我公司_____部门办理入职报到手续。
    一、个人须准备及提交的资料
    1. 本人2寸免冠彩色照片8张。
    2. 本人户口簿、身份证、毕业证书、学位证书、三方协议原件及复印件、职称证书或职业资格证书等有效证件的原件、复印件（人力资源部验证后归还原件并留取复印件）。
    3. 近期（三个月内有效）体检报告（须由我公司指定医院——×××医院出具）。
    二、入职办理
    1. 办理时间：___年___月___日___时。
    2. 办理地点：_____公司_____部。
    注意：个人须提供的资料不齐全或虚假者不予办理入职手续。
    联系人：_____    联系电话：_____
                                            ××劳务派遣有限公司
                                               ___年___月___日
```

图 2-2　录用通知书样式

劳务派遣管理员对于未被录用的应聘者也不能忽略，而应及时将结果告知对方，并发放"辞谢通知书"，以体现良好的企业形象。

在通知未被录用者时，劳务派遣管理员应注意以下 4 个问题。

（1）采用的通知方式应与被录用者相同，以确保应聘者能收到。

（2）辞谢通知书要做到措辞妥当、语气委婉。

（3）所有辞谢通知书均应采用统一的表达方式。

（4）通知书最好加盖公章，以表示对未被录用者的尊重。

辞谢通知书样式如图2-3所示。

```
                    ××公司辞谢通知书
××先生/女士：
   你好！
   十分感谢你对_____岗位的兴趣以及对我公司的支持，不胜感激。
   你在申请与应聘该岗位时的良好表现，令我们印象深刻。但由于我公司的招聘是本着找到最合适而不是最优秀人才的原则，这次暂时不能录用你。我们已经将你的有关资料存入公司的人才资料库，如果有了新的空缺，我们会优先考虑，如果你需要取回自己的相关资料复印件，请再次与我们联系。
   联系人：_____    联系电话：_____
   感谢你理解我们的决定，祝你早日找到理想的工作。
                                        ××劳务派遣有限公司
                                          ___年___月___日
```

图2-3　辞谢通知书样式

二、派遣员工入离职手续办理

劳务派遣管理员办理派遣员工的入离职手续时，派遣员工的资料需要分类归档，并整理到相关的档案库，以便于日后资料的查找。

1. 入职手续办理

劳务派遣管理员在招聘录用新员工后，需要在员工入职时为其办理入职手续，具体需要办理的入职手续如下。

（1）办理员工入职体检。在员工入职之前，劳务派遣公司须要求员工办理入职体检，以便了解员工是否患有心脑血管疾病、传染性疾病等严重疾病，从而保证员工身体健康。

劳务派遣管理员可通知员工在入职时提交医院出具的体检报告，或安排员工自行到指定医疗机构进行入职体检。劳务派遣公司也可统一组织新员工进行入职体检。入职体检通知书样式如图2-4所示。

（2）填写入职登记表。在员工入职报到当天，劳务派遣管理员须要求新入职员工填写入职登记表，且保证所填信息真实可靠。员工入职登记表样式见表2-8。

```
            ××入职体检通知书
××先生/女生：
    请根据以下信息在入职前参加入职体检。
    1. 体检时间：___月___日前
    2. 入职体验医院及地址（略）
    3. 体检项目及资费（略）
    4. 体检程序说明
    本人到医院进行规定项目体检→医院通知公司体检结果→公司通知应聘者本人到医院取体检报告→应聘者
本人持医院体检报告到公司报道→办理入职手续。
                                                    ××公司人力资源部
                                                    ___年___月___日
```

图2-4　入职体检通知书样式

表2-8　员工入职登记表样式

入职日期：　　年　　月　　日　　　　　　　　　　　　　职位：

基本情况

姓名		性别		出生日期	年　月　日	贴2寸免冠彩色照片
联系电话				身份证号码		
E-mail				户籍地址		
政治面貌				通信地址		

教育背景

毕业学校	起止时间	所学专业	学历	学位

工作经历

工作单位	起止时间	部门及职务	离职原因

个人专长

专长项目	等级证书	技能描述

家庭成员及主要社会关系

称谓	姓名	出生年月日	工作单位及职务	联系电话

是否有亲友在本公司工作：
　　无（　）　　　有（　　）　　姓名：　　　关系：　　　部门：

本人郑重承诺以上内容属实并同意公司对以上情况进行调查，如有任何虚假信息，本人愿意无条件接受解聘处理。

　　　　　　　　　　　　　　　　　　　确认签字：　　　　　日期：

（3）收取入职资料。劳务派遣管理员在办理入职时，需要收取新员工相关证件资料，并核查所提交证件资料的真实性和准确性，避免出现虚假信息。

在实际操作过程中，或因为工作流程，或因为时间精力问题，有可能造成员工提供材料不齐、档案不完整，需要用到材料时因为临时向员工索要而误事，甚至造成用工风险，所以劳务派遣管理员在收集资料时应谨慎小心，妥善保管，避免发生风险。

不同的劳务派遣公司要求员工提交的入职材料可能会有所差异，以下列举了其中关键的5项以供参考：本人免冠照片、身份证复印件、毕业证书等证书、体检报告、上一家单位的离职证明。

劳务派遣管理员在收集完资料后，需要仔细核实，具体内容要求可参见表2-9。

● 表2-9　资料审核说明

资料	要求
本人免冠照片	2寸免冠彩色照片8张
身份证复印件	核查原件，收取复印件1份 身份证正反面复印在一张A4纸上
毕业证书等证书	核查原件，收取复印件1份
体检报告	核查原件，收取复印件1份 检查的项目均须达到"健康"的要求
上一家单位的离职证明	核查原件，收取复印件1份 离职证明须有上一家单位的公章

当派遣员工的个人资料有更改或补充时，须向劳务派遣管理员请示并将更新的资料及时提交至劳务派遣管理员。

当入职资料收集完毕后，劳务派遣管理员应依照一定的规则对其进行整理。劳务派遣管理员应将整理好的新员工入职资料及时转移至公司人力资源部。人力资源部对资料进行核对，核对无误后对其进行归档。

（4）签订劳动合同。劳务派遣管理员按照公司规定，和派遣员工签订劳动合同。签订劳动合同时，应遵循以下原则。

1）合法。合法包括两部分：一是形式合法，即除非全日制用工外，劳动合同需要以书面形式订立；二是内容合法，劳动合同的内容如果违法，不仅不受法律保护，给对方造成损害的，有过错的一方还应当承担赔偿责任。

2）公平。劳动合同的内容应当公平、合理，体现社会公德，平衡双方当事人的利益。

3）平等自愿。平等是指劳动者与用人单位订立劳动合同时在法律地位上是平等的。自愿是指劳动合同的订立完全是劳动者和用人单位真实意志的体现，不存在一方强迫另一方签订合同的现象。

4）协商一致。劳动者和用人单位通过协商，达成一致意见。

5）诚实。劳动者和用人单位在订立劳动合同时要诚实、讲信用。

劳务派遣公司在与派遣员工签订劳动合同时，除须对所提供的劳动合同文本进行检查（如检查条款中是否涵盖了必备条款等）外，还应对以下事项给予重视，防止劳动合同的违规签订及由此产生的劳动纠纷。

①签订时间。劳务派遣管理员应在派遣员工入职1个月之内与其签订书面劳动合同。

②试用期。劳动合同期限在1年以上不满3年的，试用期不得超过2个月；3年以上固定期限和无固定期限劳动合同，试用期不得超过6个月；以完成一定工作任务为期限的劳动合同或者劳动合同期限不满3个月的，不得约定试用期。试用期包含在劳动合同期限内。劳动合同仅约定试用期的，试用期不成立，该期限即为劳动合同期限。

③试用期工资。派遣员工在试用期的工资不得低于用工单位相同岗位最低档工资或劳动合同约定工资的80%，并不得低于用工单位所在地的最低工资标准。

（5）入职引导。劳务派遣管理员安排派遣员工到所属部门报到，将"公司制度汇编"一类的手册发放给每位新员工，并协同部门领导向新员工介绍公司各办公区域及同事；所在部门负责给新员工安排办公位，申领电脑、电话；网络技术部负责给新员工开通邮箱、账号，调试电脑设备等；行政部门发放办公用品。

2. 离职手续办理

劳务派遣管理员在办理员工离职手续时需特别注意，仔细谨慎，以避免离职风险。

（1）离职面谈。离职面谈作为劳务派遣管理员与派遣员工直接沟通的一种有效方式，有助于了解员工离职的原因，从而对症下药，促进企业的不断进步。

为了使面谈效果更佳，劳务派遣管理员在实施时应着重了解以下几个方面的内容。

1）员工离职的真实原因及导致离职的主要事件。

2）员工本身对离职原因的解释以及是否有避免离职的方法。

3）员工期望离岗的时间。

4）离职员工对企业当前管理文化的评价。

5）离职员工对所在部门或企业层面需要改进问题的合理化建议。

6）离职员工对企业当前工作环境及企业内部人际关系的看法。

7）离职员工对本岗位以后工作开展的建议以及个人发展规划。

8）员工离职后需保密的相关内容及企业其他需明确的内容。

另外，对于因不同情形离职的员工，离职面谈的重点应有所不同，具体内容见表2-10。

◆ 表2-10　不同情形的离职面谈内容

离职情形	面谈内容
主动离职	对于主动离职的员工，面谈实施者通过沟通可了解员工离职的原因，同时应诚恳地邀请其就本企业目前的生产、经营、管理等各个方面提出改进的建议
被动离职	对于被动离职的员工，面谈实施者通过离职沟通可以向其提供适合其个人特点的职业发展建议，避免其带着怨恨离开

针对以上离职面谈涉及的内容，劳务派遣公司应设计合理的面谈问题，以最大限度地获取员工离职的真实信息，离职面谈的问题设计示例如图2-5所示。

离职面谈是企业实行"以人为本"管理理念的一种体现，通过对离职员工的面谈，不仅可以融洽企业与离职员工的关系，挽留核心员工，还可以起到维护企业形象的作用，因为离职面谈对企业来说具有重要的意义。为了达到面谈的目的，在实施面谈前，必须做好面谈时机、面谈地点等相关事项的设计。

1）离职面谈时机设计。在接到员工的离职申请后，劳务派遣管理员应协助人力资源部及时对员工的表现进行调查，并根据调查结果安排面谈。若想挽留该员工，就应在刚一接到其离职申请时尽快安排对其进行离职面谈；否则，离职面谈一般安排在其离职的前一天进行。

对于劳务派遣公司来说，离职面谈的目的是获取员工离职的真正原因并进行必要的离职挽留，从而完善企业今后的人事管理工作。因此，倘若面谈实施人员发现离职

> 1. 是什么原因促使你申请离职？
> 2. 你当初选择加入本公司的原因是什么？
> 3. 你喜欢目前所从事的工作吗？干得开心吗？为什么？
> 4. 你觉得公司为你提供的职位是否合理？为什么？
> 5. 你认为你现在所在的职位与你的能力相当吗？如果不是，请给出具体说明。
> 6. 对于所在的岗位，你面临的最大困难和挑战是什么？
> 7. 你对本公司招聘该岗位的任职者有什么建议？
> 8. 你认为应该被给予相应的培训吗？你希望得到哪方面的培训？培训时间放在什么时候？
> 9. 你觉得在公司是否得到了公平的对待？哪些方面不公平？
> 10. 你觉得在本公司的工作对你的能力提升有帮助吗？体现在哪些方面？
> 11. 目前的工作环境是不是你所期望的？如果不是，你希望本公司怎样改善工作环境？
> 12. 你对公司的薪资福利满意吗？你期望的标准是什么？
> 13. 公司的相关政策、制度与程序能让你充分了解吗？如果不是，原因是什么？
> 14. 你觉得促使你离职的哪些原因是公司可以改进的？
> 15. 你认为公司应该采取哪些措施才能更加有效地吸引和留住人才？
> 16. 你选择工作最看重的是什么？
> 17. 你最喜欢本公司的方面有哪些？最不喜欢本公司的方面有哪些？
> 18. 你心目中理想的上司是什么样的？
> 19. 你曾对你的上司反映问题和不满意吗？他是否令你满意地解决了这些问题？
> 20. 你觉得你的上司和你在工作方面的沟通是否顺利？具体表现在哪些方面？
> 21. 你觉得你所在部门的氛围是不是自己所期望的？你所期望的氛围是什么样的？在工作中你与同事合作得怎么样？
> 22. 公司可以做些什么，你愿意重新考虑你的离职决定吗？
> 23. 你愿意在今后条件成熟的时候返回公司，继续为公司效力吗？为什么？

图 2-5　离职面谈的问题设计

员工不太配合离职面谈工作，也不必过于强求，而应尊重离职员工的决定，在其离开后选择合适的时间与其进一步沟通当初选择离职的具体原因。

2）离职面谈地点设计。为了做好离职面谈，劳务派遣管理员应将离职面谈的地点安排在一个宽敞、明亮且能够很好地保护离职人员个人隐私的空间，并营造一个轻松、愉快的氛围，以免造成员工的心理负担。

3）离职面谈实施人员设计。可以参与员工离职面谈的人员通常包括人力资源部人员、劳务派遣管理员和员工平级同事，具体说明如图 2-6 所示。

无论选择什么样的人员参与离职面谈，面谈人均需要成熟管理离职面谈工作，熟练控制局面，善于对离职者察言观色，从而掌握和发现更多的离职信息。

4）离职面谈的形式设计。为了便于面谈双方沟通和理解具体内容，离职面谈最好采用面对面的形式实施。面对面的沟通同时也便于更好地发现和从根本上消除离职员

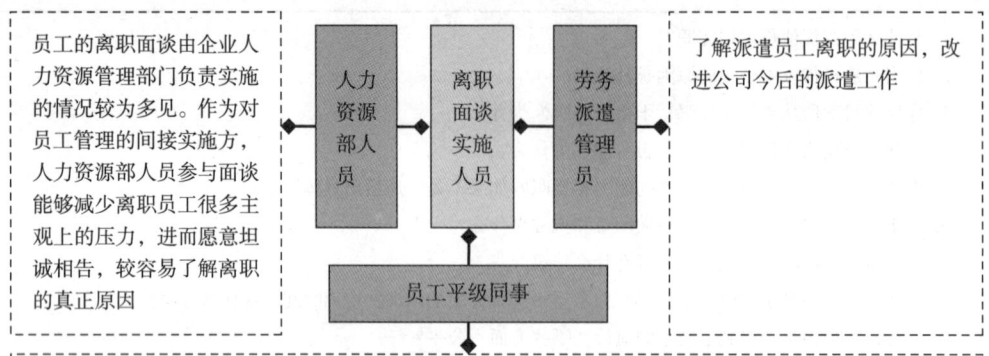

图 2-6 离职面谈实施人员说明

工的敏感心理及抵触情绪。如果无法实现面对面的沟通也可以采用邮寄离职调查问卷或电子邮件的方式进行。

5）离职面谈技巧设计。离职面谈作为管理者与员工直接沟通的一种有效方式，有利于融洽员工之间的关系，以促进企业的不断进步。为了使离职面谈顺利进行，劳务派遣公司在实际中应注意应用以下技巧。

①面谈人员应多听少说，为员工提供更多的时间和空间。

②安排足够的访谈时间，使员工畅所欲言。

③以真诚、认真的态度进行面谈，使员工感受到对他的重视。

④在面谈时，应做好面谈内容的记录。

⑤以善意引导和打消顾虑为主，避免施加压力。

⑥注意控制情绪，以开放式问题为主，少问是和不是这样的问题。

⑦对离职员工的面谈应是有目的、有针对性的，不能单纯走过场。

6）离职面谈流程设计。为了确保面谈目标的顺利实现，企业在对离职员工进行面谈时，可参照以下程序进行。

①面谈准备。了解离职员工的基本情况，收集相关资料，实施离职面谈的相关设计，并布置离职面谈的环境。

②面谈实施。双方入座并问候，劳务派遣管理员首先说明面谈目的及内容，然后按照设计内容实施面谈，面谈结束后劳务派遣管理员送员工离开。

③面谈总结。劳务派遣管理员要及时整理、完善离职面谈记录，并对其进行分析，然后完成离职面谈报告，交由相关人员审阅，最后将离职面谈资料编号、归档。

7）离职面谈工具设计。劳务派遣公司在实施离职面谈时，可借助特定的表单进行记录，员工离职面谈表样式见表2-11。

● 表2-11　员工离职面谈表样式

离职人员姓名		所在部门	
担任职位		职位编号	
入职日期		离职日期	
面谈人员		职位	
1. 请指出离职最主要的原因（请在恰当处加√号），并加以说明	□薪酬　□工作性质　□工作环境　□工作时间　□健康因素　□福利　□晋升机会　□工作量　□加班　□与公司关系或人际关系　□其他，请说明		
2. 公司在以下哪些方面需要加以改善（可多选）	□公司政策及工作程序　□部门之间沟通　□上层管理能力　□工作环境及设施　□员工发展机会　□薪酬与福利　□教育培训与发展机会　□团队合作精神　□其他，请说明		
3. 当初选择本公司的原因是什么			
4. 在决定离职时，发现公司在哪些方面与原来的想象和期望差距较大			
5. 最喜欢和最不喜欢本公司的分别是哪些方面			
6. 在所在的岗位上，面临的最大困难和挑战是什么			
7. 对公司招聘该岗位的任职者有什么建议			
8. 公司应该采取哪些措施更有效地吸引和留住人才			
9. 是否愿意在今后条件成熟的时候再返回公司，是否愿意为公司继续效力，并简单陈述理由			

离职面谈的目的是发现并改进企业管理中存在的问题，因此，在对员工进行面谈后，企业必须做好离职面谈的分析工作。

派遣员工离职面谈分析的内容一般包括以下5个方面。

1）员工离职时间分析，观察是否集中在每年招聘的高峰期。

2）离职员工岗位分析，研究是哪些岗位上的人员流动率大。

3）员工离职原因分析，可从个人、企业及外部角度出发，具体内容如下。

①个人原因，是否因为个人成就动机不能满足、寻求自我突破、健康问题等。

②企业因素，是否因为对薪酬福利不满意、人际关系不佳、对企业文化感到不适应等。

③外部因素，是否受求职高峰的影响，或外部压力的影响。

4）离职人员分析，包括离职人员的性别、年龄结构、学历水平、户籍性质等。

5）离职人员绩效分析，如离职人员的绩效成绩排名等。

离职面谈分析工作的一般步骤如图2-7所示。

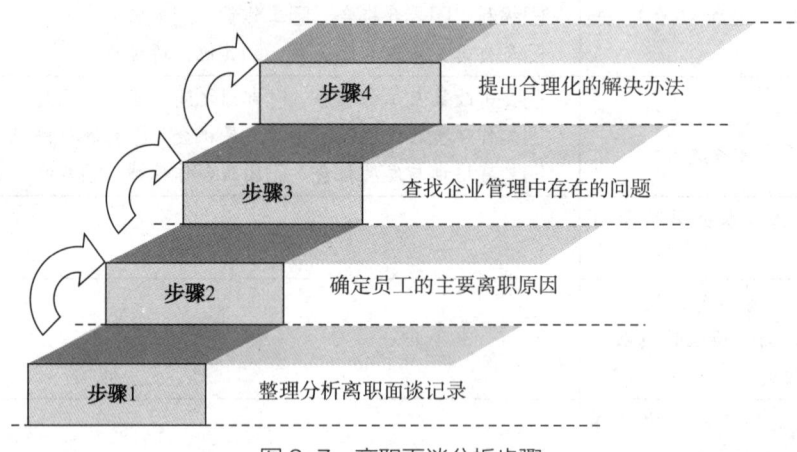

图2-7　离职面谈分析步骤

（2）做好离职交接。派遣员工首先在用工单位进行工作交接，然后再回劳务派遣公司，与行政部门、人力资源部和劳务派遣部相关人员做好工作交接，并填写"工作移交表"，所有移交工作须有详细的书面记录，电子文档应该有明确的归类，使移交后的工作能够顺利进行。

为规范员工的离职行为，加强对员工离职行为的约束与管理，保障公司与员工的利益，在办理员工离职手续时，应注意以下问题。

1）离职员工无论是以何种方式离职都应填写员工离职申请表，并按照离职申请表相关要求逐级审批。

2）离职员工应提前30天以书面形式向人力资源部提交辞职报告。

3）离职员工应当将工作中所涉及、掌握的文件（含设计文件、源代码、可执行程序等）、样品等进行完整、正确、清晰的整理，列出移交清单，并确保清单与移交内容的一致性。

4）员工在离职时应当按照双方约定办理工作交接，企业依照《中华人民共和国劳动合同法》(以下简称劳动合同法)的有关规定向劳动者支付经济补偿的,在办理工作交接时支付。

5) 劳务派遣管理员应在派遣员工离职生效日当月内将离职员工的档案及其他一切人事关系从劳务派遣公司转出。

(3) 交接记录与确认问题。交接事项经双方协商无异议后,双方应认真填写交接记录,并对交接相关问题进行确认,对交接情况进行书面的记录和说明、备案。

1) 交接记录。交接记录是证明交接工作的纸质文件,在工作、物资交接后,应填写交接记录,一般应写明交接日期、交接内容、交接人、接收人、监交人、接收情况等信息,员工离职交接记录表样式见表2-12。

◆ 表2-12 员工离职交接记录表样式

填报日期:_____年____月____日

交接人		部门		职位	
接收人		部门		职位	
交接分类	交接具体工作		交接情况	交接人签字	接收人签字
尚未完成的工作交接					
文件资料交接					
物品交接					
其他事项					
交接人签字及日期		接收人签字及日期		监交人签字及日期	
备注					

2) 交接问题确认。如交接过程中发现问题,劳务派遣管理员应及时与离职员工分析问题、确认问题,并协助离职员工着手解决问题。只有当问题解决后,接收人、劳务派遣管理员才可签字确认。如问题性质较严重或劳务派遣管理员不确定是否存在问题,应及时将问题上报相关主管领导,由其确认问题或指导解决相关问题。相关问题包括以下几类。

①工作未按要求完成,工作进展较慢,影响了其他工序;或工作出现较大失误,造成严重损失,使接收人难以顺利开展工作等。

②岗位工作相关的文件、资料丢失，岗位使用或保管的安全用品、劳动防护用品、办公用品、固定资产丢失或损坏等。

③应收应付账目不符，账务拖欠过多，坏账过多，有徇私舞弊的行为，借款、欠款未还清等。

④赔偿金、违约金、工资、经济补偿金等计算有误。

3）员工离职结算表。员工在办理完工作移交手续后，劳务派遣管理员和相关财务部门应根据员工的考勤和绩效情况为员工进行离职结算，并填写员工离职结算表，由员工领取结算工资后签字确认。员工离职结算样式见表2-13。

● 表2-13　员工离职结算表样式

姓名		部门		职位	
入职时间		合同到期时间		离职类别	
本部门交接	部门负责人签字：　　　　　　　　　　　　　　＿＿＿年＿＿＿月＿＿＿日					
行政交接	服装□　考勤卡□　　接收人签字：　　　　　日期 　　办公用品□　　　　接收人签字：　　　　　日期					
人力资源部结算	离职手续办理□　　办理人签字：　　　　　日期　　离职当月出勤情况：　　从＿＿＿月＿＿＿日至＿＿＿月＿＿＿日　　迟到＿＿＿次，早退＿＿＿次，请假＿＿＿天，旷工＿＿＿天，实际出勤＿＿＿天　　工资结算：　　结算人签字：　　　　　　　　　　　　　　　　　日期：					
财务部结算	财务交接：　　财务借款：　　其他应扣款：　　结算人签字：　　　　　　　　　　　　　　　　　日期：					
结算	今收到本人工资：＿＿＿＿＿元，核对无误。　　本人签字：　　　　　　　　　　　　　　　　　日期：					

三、派遣员工劳动合同管理

劳动合同是劳动者与用人单位确立劳动关系、明确双方权利义务的协议。劳动合同管理的目的是在劳动者与用人单位之间建立劳动法律关系，规定劳动合同双方当事人的权利和义务。

1. 劳动合同的内容

劳动合同的内容包括法定条款和约定条款。

（1）法定条款。法定条款也称必备条款。劳动合同法规定劳动合同应当具备以下条款：用人单位的名称、住所和法定代表人或者主要负责人，劳动者的姓名、住址和居民身份证或者其他有效身份证件号码，劳动合同期限，工作内容和工作地点，工作时间和休息休假，劳动报酬，社会保险，劳动保护、劳动条件和职业危害防护；法律、法规规定应当纳入劳动合同的其他事项。

由于劳务派遣的特殊性，劳务派遣管理员要特别注意劳动合同的相关内容，《劳务派遣暂行规定》第五条明确提出了劳务派遣单位应当依法与被派遣劳动者订立 2 年以上的固定期限书面劳动合同。

（2）约定条款。用人单位与劳动者可以约定试用期、培训、保守秘密、补充保险和福利待遇以及服务期和竞业限制等其他事项。

关于试用期，《劳务派遣暂行规定》第六条规定劳务派遣单位与同一被派遣劳动者只能约定一次试用期，劳务派遣管理员在进行派遣员工的管理时，需要重点注意这一项。

2. 劳动合同的变更

劳动合同的变更是指在劳动合同开始履行但尚未完全履行之前，因订立劳动合同的主客观条件发生了变化，劳动关系当事人依照法律规定的条件和程序，对原合同中的某些条款修改、补充的法律行为。

用人单位与劳动者协商一致，可以变更劳动合同约定的内容。变更劳动合同，应当采用书面形式。变更后的劳动合同文本由用人单位和劳动者各执一份。另外，劳动合同的变更仅限于劳动合同内容的变化，而不是主体的变更，若主体变更则须另行订立劳动合同。

劳动合同变更的条件主要包括两个方面的内容。

（1）订立劳动合同所依据的法律、行政法规、规章制度发生变化，应变更相关的内容。

（2）订立劳动合同所依据的客观情况发生重大变化，致使劳动合同无法履行，应变更相关的内容。涉及的客观情况主要包括发生自然灾害或企业事故、企业调整生产任务、企业分立或合并、迁移厂址，以及劳动者个人情况发生变化需要调整工作岗位或职务等。

3. 劳动合同的续订

劳动合同的续订是指劳动合同期满后,劳动关系当事人双方经协商达成协议,继续签订与原劳动合同内容相同或者不同的劳动合同的法律行为。

以下情形符合劳动合同续订的条件。

(1) 双方协商一致续订劳动合同。

(2) 劳动合同期满,存在用人单位不得解除合同的情况之一的,劳动合同应当续延至相应的情形消失时终止,具体内容如下。

1) 从事接触职业病危害作业的劳动者未进行离岗前职业健康检查,或者疑似职业病病人在诊断或者医学观察期间的。

2) 在本单位患职业病或者因工负伤并被确认丧失或者部分丧失劳动能力的。

3) 患病或者非因工负伤,在规定的医疗期内的。

4) 女职工在孕期、产期、哺乳期的。

5) 在本单位连续工作满15年,且距法定退休年龄不足5年的。

6) 法律、行政法规规定的其他情形。

根据《中华人民共和国劳动法》第二十条规定,劳动者在同一用人单位连续工作满10年以上,当事人双方同意续延劳动合同的,如果劳动者提出订立无固定限期的劳动合同,应当订立无固定限期的劳动合同。

4. 劳动合同的解除和终止

(1) 劳动合同的解除是指当事人双方提前终止劳动合同的法律效力,解除双方的权利义务关系。劳动合同的解除包括双方协商一致依法解除、劳动者单方面解除和用人单位单方面解除3种形式。

《劳务派遣暂行规定》第十四条规定,被派遣劳动者提前30日以书面形式通知劳务派遣单位,可以解除劳动合同。被派遣劳动者在试用期内提前3日通知劳务派遣单位,可以解除劳动合同。劳务派遣单位应当将被派遣劳动者通知解除劳动合同的情况及时告知用工单位。

《劳务派遣暂行规定》第十五条规定,被派遣劳动者被用工单位以下面几种情况退回到劳务派遣单位时,劳务派遣单位重新派遣时维持或提高劳动合同约定条件,被派遣劳动者不同意的,劳务派遣单位可以解除劳动合同;如果劳务派遣单位重新派遣时降低劳动合同约定条件,被派遣劳动者不同意的,劳务派遣单位不得解除劳动合同。但被派遣劳动者主动提出解除劳动合同的除外。被派遣劳动者退回后在无工作期间,劳务派遣单位应当按照不低于所在地人民政府规定的最低工资标准,向其按月支付报酬。

1）用工单位有劳动合同法第四十条第三项、第四十一条规定情形的。

2）用工单位被依法宣告破产、吊销营业执照、责令关闭、撤销、决定提前解散或者经营期限届满不再继续经营的。

3）劳务派遣协议期满终止的。

（2）劳动合同的终止，是指劳动合同关系自然失效，劳动关系双方不再履行合同约定。

《劳务派遣暂行规定》第十六条规定，劳务派遣单位被依法宣告破产、吊销营业执照、责令关闭、撤销、决定提前解散或者经营期限届满不再继续经营的，劳动合同终止。用工单位应与劳务派遣单位协商妥善安置被派遣劳动者。

《劳务派遣暂行规定》第十七条规定，劳务派遣单位因劳动合同法第四十六条或者本规定第十五条、第十六条规定的情形，与被派遣劳动者解除或者终止劳动合同的，应当依法向被派遣劳动者支付经济补偿。

四、派遣员工薪酬管理

劳务派遣包含了派遣员工、劳务派遣单位及用工单位三方主体，较为特殊，所以在派遣员工薪酬管理这一环节中存在多种方法，在此简单介绍两种，第一种是用工单位全权负责派遣员工的工资发放，用工单位核对派遣员工的工资明细，直接将工资发放给派遣员工。第二种是劳务派遣管理员根据派遣员工的考勤情况，核定被派遣员工工资明细，制作费用结算表，提交用工单位确认，开具符合法律规定的票据送达用工单位，督促用工单位按劳务派遣协议约定日期支付相关费用。

劳务派遣管理员在进行派遣员工薪酬管理时应掌握以下几个方面的内容，并注意相关薪酬的资料要分类整理，妥善保管。

1. 核对考勤

劳务派遣管理员编制工资福利表时，要先了解派遣员工在用工单位的工作情况，核对派遣员工的考勤，为编制工资福利表提供数据。派遣员工的考勤和工作情况统计表一般包括月度考勤表、加班情况表以及绩效考核表。

（1）月度考勤表。月度考勤表要如实反映派遣员工的出勤天数、缺勤天数、迟到和早退以及病假、事假天数等。应按月填写派遣员工考勤表，进行考勤汇总，数据须准确、无误，以便于工资的发放。不同企业的考勤方法不同，有工时记录表、签到卡、请假单等，劳务派遣管理员应根据实际情况将每月考勤进行汇总。月度考勤表样式见表2-14。

● 表2-14　月度考勤表样式

　　　　　　　　　　　　　　　　　　　　　　　　　　　　_____年_____月

序号	姓名	部门	出勤天数	缺勤天数	病假天数	事假天数	年休假天数	其他天数	备注

说明：其他天数与备注用于产假、婚假、丧假、探亲假等考勤统计与说明。

（2）加班情况表。加班是指用人单位安排劳动者在法定休假日和休息日进行工作；加点则是指用人单位安排劳动者在工作日标准时间外延长工作时间。派遣员工在需要加班时应填写员工加班申请表或在公司相关系统提交申请，经审批后才能作为计算加班工资的依据，劳务派遣管理员应每月对加班加点情况进行汇总。加班情况表样式见表2-15。

● 表2-15　加班情况表样式

　　　　　　　　　　　　　　　　　　　　　　　　　　　　_____年_____月

序号	姓名	部门	工作日加班天数	休息日加班天数	法定休假日加班天数	备注

（3）绩效考核表。派遣员工的绩效考核是发放工资的重要依据。不同岗位的绩效考核内容、模式及比重各不相同。每月底由派遣员工所在的用工单位相关部门填写员工绩效考核表，用工单位人力资源部汇总后，劳务派遣管理员需查看审核，确定无误后形成最终绩效考核表。

2. 编制工资福利表

（1）编制原则。劳务派遣管理员在编制工资福利表时应注意遵循以下原则。

1）工资福利项目符合劳务派遣单位规定。

2）工资福利项目符合国家相关法律法规。

3）工资福利表中人员按部门排列。

4）工资福利表中应体现员工的真实姓名、部门等。

5）工资福利表中应体现基本工资、加班工资、绩效工资、应发工资、实发工资等项目。

6）工资福利表中应有横向数据和纵向数据汇总并且确保横向汇总与纵向汇总数据平衡。

工资福利表样式见表2-16。

● 表2-16 工资福利表样式

序号	姓名	部门	基本工资	加班工资	绩效工资	福利	补贴	应发工资	社会保险扣款	住房公积金扣款	其他应扣款	所得税	实发工资	领款人签字
合计														

（2）计算公式。根据劳动合同法第六十三条规定，被派遣劳动者享有与用工单位劳动者同工同酬的权利。用工单位应当按照同工同酬原则，对被派遣劳动者与本单位同类岗位的劳动者实行相同的劳动报酬分配办法。用工单位无同类岗位劳动者的，参照用工单位所在地相同或者相近岗位劳动者的劳动报酬确定。劳务派遣管理员在编制派遣员工的工资福利表时，要按照用工单位相同岗位的工资福利来计算。

1）基本工资，包括计时工资、计件工资两种。

①计时工资，包括月计法、日计法和时计法三类。

a. 月计法，又称扣缺勤方法，是以月度为基础计算应付工资的方法。派遣员工在月份内全勤，则支付月标准工资；如缺勤，则扣减工资。计算公式如下：

应付月工资额 = 月标准工资 − 应扣缺勤工资

应扣缺勤工资 = 缺勤天数 × 日工资 × 扣款百分比

日工资率是指派遣员工每日的平均工资，按照相关规定，每月平均工资按21.75天计算。按此方法计算的日工资，法定休假节日和休息日工资包含在日工资内，所以缺勤期间遇休息日和法定休假节日不会扣发工资。日工资率的计算公式如下：

日工资率 = 月标准工资 /21.75

派遣员工在缺勤期间工资的支付需根据不同情况按照相关规定执行。事假、旷工应根据实际天数扣发工资。而在规定的探亲假期间、婚丧假期间、女员工产假期间以及工伤等缺勤期间则照发工资。病假一般按比例扣除工资，计算公式如下：

病假应扣工资 = 病假天数 × 日工资 × 病假扣发工资比

b. 日计法，也称出勤方法，是以日为计算单位来计算派遣员工的应付工资，生产岗、操作岗等岗位的派遣员工一般用日计法计算工资。计算公式如下：

应付月工资 = 月实际出勤天数 × 日工资率

c. 时计法，是以小时为计算单位来计算派遣员工的应付工资，但应用范围较小，不常为企业所用。计算公式如下：

应付月工资 = 月实际出勤小时数 × 时工资率

时工资率 = 月标准工资 / （21.75 × 8）

②计件工资。实行计件工资，应付工资按产量工时记录的派遣员工完成质检合格的产品乘以计件单价进行计算。计算公式如下：

应付计件工资 = 合格产品数量 × 计件单价

如果派遣员工在 1 个月内加工不同的产品，且每种产品的计件单价不同，则分别按照上式计算每种产品的计件工资后再汇总，即为应付派遣员工的计件工资总额。

2）加班工资。加班工资是指派遣员工在规定工作时间以外的工作时间，主要包括节假日加班和工作日工作时间外加班两种情况，并且一般需要派遣员工填写加班申请表，劳务派遣管理员和用工单位都知晓并批准后，方能予以核实。

①法定休假日加班，根据法律规定支付不低于工资 300% 的工资报酬（月工资收入 /21.75 × 300%），休息日加班支付不低于工资 200% 的工资报酬（月工资收入 / 21.75 × 200%）。

②工作日工作时间外加班，按企业相关规定执行，一般是按照时工资率的倍数进行计算，不低于工资的 1.5 倍进行计算。

3）社会保险和住房公积金。派遣员工的社会保险和住房公积金的数额和支付方式由劳务派遣单位与用工单位协商确定，并书写在劳务派遣协议中。但不管如何约定，劳务派遣单位或用工单位都必须依法为劳务派遣员工缴纳社会保险费，并办理社会保险相关手续，不能互相推脱，更不能侵犯派遣员工的权益。具体的计算公式将在下节内容详细介绍，在此不赘述。

4）个人所得税。派遣员工取得的基本工资、补贴及其他劳动所得的所有收入都需要依法缴纳个人所得税。

应纳个人所得税 = 应纳税所得额 × 税率 – 速算扣除数

应纳税所得额 =（应发工资 – 个人缴纳的社会保险和住房公积金）– 个人所得税征税标准

个人所得税征税标准根据我国城镇居民的实际生活支出、税收政策及财务承受能力进行调整。劳务派遣管理员在计算派遣员工的个人所得税时需要注意按照最新的个人所得税法进行计算。

五、派遣员工社会保险和住房公积金办理

1. 社会保险

社会保险是政府通过立法强制实施，由劳动者、劳动者所在单位或社区以及国家三方面共同筹资，帮助劳动者及其亲属在遭遇年老、疾病、工伤、生育、失业等风险时，防止收入的中断、减少和丧失，以保障其基本生活需求的社会保障制度。劳务派遣管理员在协助做好社会保险费缴纳工作之前应对社会保险制度有一个较为全面系统的认识。

（1）社会保险的组成。社会保险不以营利为目的，由专门机构进行基金的筹集、管理及发放。国家建立基本养老保险、基本医疗保险、工伤保险、失业保险、生育保险等社会保险制度。

1）基本养老保险。它是劳动者在达到法定退休年龄后，从政府和社会得到一定的经济补偿、物质帮助和服务的一项社会保险制度。职工应当参加基本养老保险，由用人单位和职工共同缴纳基本养老保险费。

2）基本医疗保险。基本医疗保险制度是根据财政、企业和个人的承受能力，所建立的保障基本医疗需求的社会保险制度。职工应当参加职工基本医疗保险。

基本医疗保险基金由基本医疗保险社会统筹基金和个人账户构成。基本医疗保险费由用人单位和职工按国家规定共同缴纳。

3）工伤保险。劳动者由于工作原因并在工作过程中受到意外伤害，或因接触粉尘、放射线、有毒有害物质等职业危害因素引起职业病后，由国家和社会为负伤、致残者以及死亡者生前供养亲属提供必要的物质帮助。

工伤保险费由用人单位缴纳，职工不缴纳工伤保险费。对于工伤事故发生率较高的行业，工伤保险费的征收费率高于一般标准，一方面是为了保障这些行业的职工在发生工伤时，其保险基金可以足额支付受伤职工的工伤保险待遇；另一方面是通过高费率征收，使企业建立风险意识，加强工伤预防工作，使伤亡事故率降低。

4）失业保险。它是国家通过立法强制实行的，由社会集中建立基金对因失业而暂时中断生活来源的劳动者提供物质帮助的保险制度。

职工应当参加失业保险，由用人单位和职工按照国家规定共同缴纳失业保险费。失业保险基金主要用于保障失业人员的基本生活。

5）生育保险。它是针对生育行为的生理特点，根据法律规定，在职女性因生育子

女而导致暂时中断工作、失去正常收入来源时,由国家和社会提供物质帮助的保险制度。职工应当参加生育保险,生育保险费由用人单位按照国家规定缴纳,职工不缴纳生育保险费。生育保险待遇包括生育医疗费用和生育津贴。生育医疗费用包括:生育的医疗费用,计划生育的医疗费用,法律、法规规定的其他项目费用。职工生育享受产假,享受计划生育手术休假,以及法律、法规规定的其他情形都可以按照国家规定享受生育津贴。

(2)社会保险的缴费基数和比例计算,具体内容如下。

1)缴费基数的确定。社会保险缴费基数的确定因工资收入的不同而变动。以北京市2021年度社会保险费为例,用人单位以职工2020年度(自然年度)月平均工资作为申报2021年度社会保险缴费工资的依据。申报时,不对月平均工资做上下限限制;核定时,按照北京市"五险一金"上下限规定分别核定缴费基数。用人单位应当如实申报职工上一年度月平均工资,不得瞒报、漏报。

2)缴费比例的确定。国家每年4月份会对各项社会保险的缴费基数上下限进行政策性调整,但缴费比例基本不变,以北京市某企业为例,2021年5月各项社会保险缴费比例见表2-17。

◆ 表2-17 各项社会保险缴费比例

社会保险	养老保险		失业保险		医疗保险		生育保险	工伤保险
	单位	个人	单位	个人	单位	个人	单位	单位
缴费比例	16%	8%	0.5%	0.5%	9%	2%	0.8%	0.2%

3)缴费金额的计算。企业为每位员工缴纳的社会保险金额 $\sum$ 计算公式为:

$$\sum = W \times \xi$$

5项社会保险的缴费金额计算公式为: $\sum = W_1\xi_1 + W_2\xi_2 + W_3\xi_3 + W_4\xi_4 + W_5\xi_5$。

其中,W 分别表示5项社会保险的缴费基数;

W_1 为养老保险、W_2 为失业保险、W_3 为工伤保险、W_4 为医疗保险、W_5 为生育保险;

ξ 分别代表五项社会保险缴费比例;

ξ_1 为养老保险、ξ_2 为失业保险、ξ_3 为工伤保险、ξ_4 为医疗保险、ξ_5 为生育保险。

(3)社会保险的缴纳。劳动合同法第五十九条规定,劳务派遣单位派遣劳动者应当与接受以劳务派遣形式用工的单位订立劳务派遣协议。劳务派遣协议应当约定派遣岗位和人员数量、派遣期限、劳动报酬和社会保险费的数额与支付方式以及违反协议的责任。用工单位应当根据工作岗位的实际需要与劳务派遣单位确定派遣期限,不得将连续用工期限分割订立数个短期劳务派遣协议。

从法律关系上来讲,劳务派遣单位与派遣员工是企业和员工的关系,故应由劳务派遣单位为派遣员工缴纳各项社会保险费用。在用工实务领域基于效率的考虑,劳务派遣单位可能会与用工单位约定由用工单位直接为劳动者缴纳各项社会保险,避免了用工单位向派遣单位支付用工费,劳务派遣单位再为派遣员工缴纳社会保险的复杂过程,但这种约定只是双方之间的合同义务,并不改变劳务派遣单位的法定义务。

除此之外,如果存在跨地区的劳务派遣,则劳务派遣管理员应和用工单位进行沟通,妥善处理派遣员工的社会保险缴纳问题。

为此,《劳务派遣暂行规定》第十八条规定,劳务派遣单位跨地区派遣劳动者的,应当在用工单位所在地为被派遣劳动者参加社会保险,按照用工单位所在地的规定缴纳社会保险费,被派遣劳动者按照国家规定享受社会保险待遇。

《劳务派遣暂行规定》第十九条规定,劳务派遣单位在用工单位所在地设立分支机构的,由分支机构为被派遣劳动者办理参保手续,缴纳社会保险费。劳务派遣单位在用工单位所在地没有设立分支机构的,由用工单位代劳务派遣单位为被派遣劳动者办理参保手续,缴纳社会保险费。本书重点介绍劳务派遣单位为派遣员工缴纳社会保险费的具体内容。根据劳动合同法及《中华人民共和国社会保险法》的规定,劳务派遣单位应按用工单位所在地区规定的职工工资基数,办理社会保险。

劳务派遣管理员应根据最新政策,为派遣员工缴纳社会保险。具体流程如下。

1)劳务派遣管理员先用企业营业执照向所在地社保或医保经办机构申请开户。

2)劳务派遣管理员向所在地的社保或者医保经办机构申报应缴纳的社会保险费。

3)劳务派遣管理员按照社保或医保经办机构核定的应缴费额向税务部门缴费。劳务派遣管理员可通过"实体、网上、掌上、自助"等多元化渠道进行缴费。

劳务派遣管理员办理社保时,关于参保人员增减的操作流程,各省市的具体实施流程各不相同,劳务派遣管理员可通过当地的社保或医保经办机构询问具体操作流程。

(4)建立社会保险缴费台账。社会保险缴费作为劳务派遣单位的一项重要支出项目,在人工成本费用中占据较大的比重,劳务派遣管理员为做好社会保险缴费的管理工作,应建立社会保险缴费台账,以便检查每月的社会保险缴费变动情况,进而分析导致变动的原因。通过不同年度的社会保险缴费额度比较,劳务派遣单位能够发现社会保险缴费变动存在的规律,以方便提前做好下一年度的费用预算。劳务派遣管理员应做好相应社会保险缴费台账的更新和增减工作,妥善保管派遣员工的相关社会保险信息。

劳务派遣管理员在进行每月社会保险缴费台账的记录时应注意社会保险缴费涉及的人数、社会保险的缴费基数、每月社会保险缴费总金额、每项社会保险的缴费金额、社会保险缴费的变动情况等。如出现社会保险异常状态应与用工单位及时沟通。

2. 住房公积金

住房公积金即用人单位及其在职职工缴存的长期住房储备金。住房公积金由用人单位和员工个人共同缴存，实行专户存储，归员工个人所有。

劳务派遣管理员应该妥善保管派遣员工住房公积金的详细资料，进行分类整理，必要时收入单位档案库，以方便日后查找。

（1）住房公积金缴纳基数。《住房公积金管理条例》第十六条规定："职工住房公积金的月缴存额为职工本人上一年度月平均工资乘以职工住房公积金缴存比例。单位为职工缴存住房公积金的月缴存额为职工本人上一年度月平均工资乘以单位住房公积金缴存比例。"由此可知，员工和用人单位住房公积金的缴纳基数都为员工上一年度的月平均工资。《住房公积金管理条例》第十七条规定："新参加工作的职工从参加工作的第二个月开始缴存住房公积金，月缴存额为职工本人当月工资乘以职工住房公积金缴存比例。单位新调入的职工从调入单位发放工资之日起缴存住房公积金，月缴存额为职工本人当月工资乘以职工住房公积金缴存比例。"由此可知，新参加工作和新调入的员工以其本人当月工资额为缴费基数。

（2）住房公积金缴纳比例。《住房公积金管理条例》第十八条规定："职工和单位住房公积金的缴存比例均不得低于职工上一年度月平均工资的5%；有条件的城市，可以适当提高缴存比例。具体缴存比例由住房公积金管理委员会拟订，经本级人民政府审核后，报省、自治区、直辖市人民政府批准。"各地住房公积金缴纳比例不尽相同。

（3）住房公积金的办理流程，具体操作如下。

1）劳务派遣管理员到所在地的住房公积金管理中心指定网点领取相关表格，填写完整后，携带资料办理住房公积金缴存登记，开设劳务派遣单位和派遣员工个人住房公积金账户，并领取住房公积金管理中心指定网点发放的 Ukey（各省市叫法不一，在此仅供参考）。

2）劳务派遣管理员将 Ukey 插入电脑，打开所在地的住房公积金管理中心官方网站，点击"网上办事大厅"，页面跳转后，点击"单位住房公积金业务"，填写账号后进入"网上业务系统"，点击"汇缴管理"，选择缴费方式后，核对人员、扣缴金额后进行确认。随后再进入"支付确认"，核对无误后提交扣款，操作成功后可看到缴费情况。

3）如果派遣员工有增减变化或补缴情况，劳务派遣管理员按照以上操作进入所在地住房公积金管理中心官方网站选择相关选项进行线上操作即可。

此外，因为各省市的操作流程有些许差别，劳务派遣管理员需在所在地住房公积金管理中心官方网站上下载详细的操作手册，并学习具体内容。

六、提供劳务派遣资料

劳务派遣单位在和用工单位开始合作前，双方都需要了解彼此的经营情况，以便于日后的合作沟通和项目的开展。本部分主要介绍劳务派遣单位需要向用工单位提供的经营情况材料。

1. 提供劳务派遣资料的内容

劳务派遣管理员需要向用工单位提供的经营情况材料包括：劳务派遣单位的主营业务、单位人员数量、财务状况、营业执照、人力资源服务许可证、劳务派遣许可证、合作客户群体、成功案例等。劳务派遣管理员可根据实际工作需要，对提供的材料做相应的调整。

2. 提供劳务派遣资料的要求

（1）分类整理。劳务派遣管理员在向用工单位提供劳务派遣材料时，应按照材料特点进行分类整理，以便于用工单位查看资料。

（2）格式统一。劳务派遣管理员在整理相关资料时，应注意文件的格式，如文档中字体、字号等应统一，且排版美观。

（3）干净整洁。劳务派遣管理员整理资料时，务必保持资料的完整、整洁，如纸质类的材料应保证不缺页，保持纸张整洁、无褶皱。

七、办理劳动用工备案

劳务派遣管理员应按照《关于建立劳动用工备案制度的通知》（劳社部发〔2006〕46号）进行劳动用工的备案。

1. 办理劳动用工备案的内容

（1）劳务派遣管理员进行劳动用工备案的信息应当包括：劳务派遣单位名称、法定代表人、经济类型、组织机构代码、招用派遣员工的人数、姓名、性别、居民身份证号码，与派遣员工签订劳动合同的起止时间，终止或解除劳动合同的人数、派遣员工姓名、时间等。因各省市有所差别，劳务派遣管理员应按照所在地的相关规定执行。

（2）劳务派遣单位新招用派遣员工或与派遣员工续订劳动合同的，劳务派遣管理员应自招用或续订劳动合同之日起 30 日内进行劳动用工备案。劳务派遣单位与派遣员工终止或解除劳动合同的，劳务派遣管理员应在终止或解除劳动合同后 7 日内进行劳动用工备案。

劳务派遣单位名称、法定代表人、经济类型、组织机构代码发生变更后，劳务派遣管理员应在 30 日内办理劳动用工备案变更手续。劳务派遣单位注销后，劳务派遣管理员应在 7 日内办理劳动用工备案注销手续。

（3）如劳务派遣单位登记注册地与实际经营地不一致的，劳务派遣管理员应在实际经营地的劳动保障行政部门进行劳动用工备案。

2. 办理劳动用工备案的要求

（1）遵守规定。劳务派遣管理员在办理劳动用工备案时，应严格按照所在地相关政策进行办理，不得违反相关规定。

（2）按时办理。按照《关于建立劳动用工备案制度的通知》和所在地的具体劳动用工备案政策，劳务派遣管理员须在相关时间内完成操作，不得推迟操作。

由于《关于建立劳动用工备案制度的通知》只规定了整体的劳动用工备案制度，所以各省、自治区、直辖市劳动保障行政部门要按照通知要求，制定本地区开展劳动用工备案的具体操作办法，劳动派遣管理员需在当地劳动保障行政部门的官方网站查看当地劳动用工备案的详细操作方法，再深入学习，进行实际操作。

第四节　客户服务管理

一、客户资料管理

由于劳务派遣的特殊性，劳务派遣单位所合作的客户对象，一般称之为用工单位，所以本节以"用工单位"统一代指"客户"，除部分专有名词外，如客户诉求处理记录表、客户满意度、客户满意度调查等。

此处所指的用工单位资料主要包括用工单位的经营资料及与用工单位合作涉及的相关协议等，劳务派遣管理员对用工单位资料进行管理，可以加强对用工单位资料的规范化管理，确保稳定地开展工作，更加有序高效地利用工单位的资料信息，为相关决策提供依据。

劳务派遣管理员应对用工单位的资料进行分类、整理，具体资料分类方法见表2-18，在实际工作中可根据实际情况进行调整。

● 表2-18 用工单位资料分类方法

用工单位资料分类	具体内容
用工单位基础资料	包括用工单位的基本情况、所有者、管理者、创立时间、规模大小、行业类型等
用工单位特征	业务范围、发展潜力、企业文化、经营方针与政策、经营管理特点等
关键联系人资料	联系人的职位、联系方式、项目中充当的角色等
交易活动现状	用工单位销售活动状况、存在的问题、保持的优势、未来的对策、企业信誉与形象、信用状况、交易条件和以往出现的信用问题等
接触信息	用工单位咨询、投诉等服务过程中的信息记录

其中，关于用工单位的关键联系人，劳务派遣管理员可重点记录，在进行派遣员工的管理中，劳务派遣管理员需要和用工单位的关键联系人进行长期对接，所以需要深入了解关键联系人的相关信息，以便于工作的开展。

劳务派遣管理员应以劳务派遣单位规定的格式要求将公司所有关于用工单位的资料输入用工单位资料数据库中，建立用工单位资料卡和用工单位管理卡，确保库中信息充分。用工单位资料数据库由劳务派遣管理员负责管理或指定专人负责，并确定严格的查阅和使用管理办法。

用工单位资料数据库管理应按照"用重于管"的原则，提高资料库系统的质量和效率。劳务派遣管理员应定期审查用工单位资料数据来源、资料数据采集时间、资料使用频率等，判断资料数据的质量，及时更新、完善客户资料信息数据库。

此外，关于用工单位相关资料的保存（包括纸张、胶片、磁盘等），应选用质量好、耐久性强、便于长期保管的材料作为资料记录的载体。劳务派遣管理员需要定期检查用工单位资料的保管环境，防潮、防霉变等工作一定要做好。当发现字迹褪色或纸张破损时，要及时对其进行修复，并做好相关维护记录。

劳务派遣管理员在和用工单位进行资料交接时还要注意资料的保密性，不得随意泄露用工单位的任何资料。

劳务派遣管理员（四级 三级 二级）

二、客户日常沟通管理

劳务派遣管理员负责派遣员工的管理时，主要和用工单位的人力资源部及相关项目部门进行对接联系，在和这部分人员进行沟通时要特别注意他们的职级。向上沟通和平向沟通的用语略有不同，劳务派遣管理员要随时调整沟通用语。在日常沟通交流过程中体现的是公司的形象和企业文化，所以劳务派遣管理员需时刻注意自己的言行举止，避免给用工单位留下不好的印象。

日常沟通大致分为四类：面对面沟通、电话沟通、电子邮件沟通和社交软件沟通，具体的沟通技巧如下。

1. 面对面沟通

面对面沟通包含肢体语言、口头语言及行为举止等形式，劳务派遣管理员可以在沟通过程中观察用工单位的反应，了解其意图，解答用工单位的疑惑。

面对面沟通的原则包括：善于控制自身的情绪，注意倾听对方的需求，寻求合适的谈话场所，劳务派遣管理员应时刻记住这 3 点原则。

在面对面沟通的过程中，劳务派遣管理员应注意运用以下技巧。保持对方关注的话题，提高沟通的效率。双向交流互动，保证有价值的信息交换。注意倾听对方的需求，并适当表示理解。适时进行提问，掌握对方的信息和意图。细心观察对方反应，灵活调整解决方案。注意控制自身沟通过程的肢体语言和声调。尽量用积极性语言，让对方获得慰藉感。认真处理对对方的允诺，后期跟进实施。

在面对面沟通时，劳务派遣管理员还需注意以下事项。目光停留在对方面部的上三角部位，停留时间适中；切忌目光游离或长时间盯住对方。表情自然、微笑，对对方遭遇表示理解和关心。切忌面部表情僵硬，或者流露出不屑或是厌恶的态度。语调保持适中，语速节奏平稳；适当表现服务热情，切忌语调高亢刺耳，节奏过快，忽略对方的感受。手势和说话内容相得益彰，使用开放的掌形；切忌做出鲁莽、拒绝的动作。姿势优雅得体，表现出对对方所谈内容的兴趣；切忌抖脚或甩手、表现不耐烦情绪、使用拒绝姿势等。与对方保持一米左右的距离，使对方能够听清楚自己的声音；切忌离客户太远或太近，以免令其感觉不适。

2. 电话沟通

电话沟通的整个过程均无法看到对方的动作和表情，因此常常会影响双方顺利达到沟通的目标。劳务派遣管理员在进行电话沟通时需要更加注意。

善于倾听是电话沟通成功的关键，劳务派遣管理员在进行电话沟通时，可遵循以下要点。

（1）学会控制自身情绪，善于倾听对方的问询或抱怨。

（2）对想要强调的词语使用重音，以突出沟通内容的要点。

（3）必要的情况下应重复关键信息，以进行求证和强调。

（4）使用积极的表达方式，注重鼓励以及感谢对方。

（5）做好沟通过程的关键事项记录，以备后期查阅。

3. 电子邮件沟通

随着互联网的发展，电子邮件以其成本低廉、发送便捷、不需双方在场等优点，成为和用工单位沟通的主要方式之一，劳务派遣管理员应掌握电子邮件沟通的要点，了解电子邮件沟通的关键因素，具体内容如下。

（1）电子邮件的格式。电子邮件要注明标题，且标题应是对内容的高度概括。电子邮件的称呼要使用敬语，以示礼貌，同时赢得用工单位的好感。电子邮件落款应包含发信人姓名、职位以及联系方式。

（2）电子邮件的正文。电子邮件正文应对相关事项进行概要陈述，避免突兀地提及其中某一环节。应控制电子邮件正文字数，确保正文层次清晰、内容明确，并且简明扼要。如果电子邮件带有附件，应尽量在正文中对附件内容进行概述，以免用工单位必须逐一打开附件才能知悉沟通事项。正文末尾应对用工单位的来信、来电或来访表示感谢，注重塑造企业的良好形象。

（3）沟通确认和反馈。对于重要沟通事项，劳务派遣管理员在发送邮件后应电话提醒用工单位，且发出的邮件应进行备份，以备后期检查核对。

4. 社交软件沟通

常用的社交软件包括微信、QQ等，以微信的应用更为广泛，所以在此重点介绍微信沟通技巧。

（1）注意沟通时间。劳务派遣管理员用微信进行沟通时，首先要避免占用客户的休息时间，在休息时间打扰对方是一种不礼貌的行为。因此除非特殊情况，否则微信沟通应尽量选在工作时间。其次要提前确认沟通时间，一般来说，周一和每月月初及月底可能是用工单位最忙碌的时间，如果当天发微信，会难以得到及时回复。因此，可以提前询问对方适宜的沟通时间，从而方便劳务派遣管理员安排工作。

（2）提炼有效信息。手机端发送大段信息会造成刷屏，影响阅读体验。因此，劳务派遣管理员在发送微信时，应先提炼有效信息，再将编辑好的文字发送给对方，还需要检查文字中有无错别字，以表示对用工单位的尊重。提炼信息时，可以遵循以下3个原则。

1）避免冗长。发送信息时，重复的称谓、表情、语气词等可以删掉。

2）方便识别。时间用24小时制表示，避免使用上午、下午等词汇。

3）在信息准确、无遗漏的前提下字数越少越好。单条信息3~4行即可，内容太长时可分行。

（3）使用【】符号标注重点。劳务派遣管理员应学会使用【】符号标注重点信息，以方便用工单位快速进行识别。除此之外，劳务派遣管理员在工作群内发信息时可将【】符号里的内容设置为特定标签。

（4）微信群内沟通时应避免插话。微信群等同于工作场合，因此在用工单位针对主题讨论时，劳务派遣管理员应当避免插话，如有问题需要提问，可以考虑私信用工单位。

（5）及时保存重要信息。重要信息可分为两类，一是用工单位的基本信息，二是工作文件。劳务派遣管理员在添加用工单位的好友时，应第一时间备注个人信息，包括姓名、职位、联系方式等，避免劳务派遣管理员通过用工单位资料再进行重复查找，从而降低工作效率。另外，劳务派遣管理员在微信上收到用工单位发送的工作文件时，应及时下载，并备份在电脑或网盘内，以防丢失。

（6）避免频繁发送语音。首先，语音没有文字直观，文字信息一目了然，方便识别，而且便于搜索。其次，收听语音受环境影响，如果用工单位正在开会，或者周围环境较为嘈杂，劳务派遣管理员发送语音就难以得到回复，进而影响工作效率。

三、客户诉求处理

客户诉求是指用工单位通过劳务派遣单位建立的各种渠道提出对项目合作的各种需求，包括意见、建议、投诉等。用工单位的诉求主要包括：派遣前劳务派遣单位咨询人员的服务态度、专业能力等；派遣过程中劳务派遣管理员的工作能力及派遣员工的工作能力、职业道德等；派遣后劳务派遣单位的售后服务等，其具体的诉求内容在实际工作中有所不同，劳务派遣管理员需针对不同的诉求意见采取对应的措施。

1. 诉求收集渠道

劳务派遣管理员需要通过劳务派遣单位建立的各种渠道来收集用工单位的诉求，了解用工单位的实际需求和问题。

（1）电话。用工单位会通过劳务派遣单位的联系方式，与劳务派遣管理员进行电话沟通，劳务派遣管理员需要详细记录用工单位提出的诉求。

（2）电子邮件。劳务派遣管理员应定期查看单位的电子邮箱，收集用工单位发送的诉求邮件，整理并进行分类汇总。

（3）日常沟通。劳务派遣管理员应定期去用工单位的项目现场，和现场负责人进行沟通、交谈，收集相关的诉求。

（4）官方网站及其他社交平台。劳务派遣管理员可通过劳务派遣单位的官方网站或微博、企业公众号留言版面等，收集用工单位留下的诉求信息。

2. 诉求处理流程

（1）记录诉求意见。劳务派遣管理员应对用工单位提出的诉求内容进行详细、如实的记录。

（2）判别原因。劳务派遣管理员对诉求进行判断，尽量现场解决、回复用工单位的诉求，现场不能解决的应提交主管，以便共同进行原因调查和责任划分。

（3）拟订解决方案。劳务派遣管理员和相关责任部门应根据用工单位的诉求意见进行分析检讨，拟订解决方案并交总经理审批。

（4）解决问题。劳务派遣管理员要将解决方案交于用工单位，处理用工单位的问题，并填写客户诉求处理记录表，在此提供客户诉求处理记录表样式，见表2-19。

◆ 表2-19 客户诉求处理记录表样式

日期		编号	承办主管	查证人	承办人	记录人
诉求者	公司名称				姓名	
	地址				电话	
诉求内容	项目名称					
	具体内容					
双方意见	对方意见					
	本方意见					
调查	发生的原因					
	结果判别					
解决方案						
情节程度		□重大　□中等　□轻微				
备注						

注：表中承办主管为劳务派遣管理员上级主管，查证人、承办人、记录人均可为劳务派遣管理员，也可为其他工作人员，以实际情况为准。

（5）回访客户。劳务派遣管理员和上级主管再次回访用工单位，收集用工单位的反馈意见，劳务派遣管理员每次回访均应填写客户诉求回访记录表，客户诉求回访记录表样式见表2-20，供参考。

● 表2-20 客户诉求回访记录表样式

序号	时间	诉求事项	诉求人	联系电话	回访方式	回访时间	回访人	客户意见	备注

3. 诉求处理方法

（1）虚心接受，耐心倾听。用工单位在发现问题时会提出诉求，所以劳务派遣管理员需要专心倾听，并做好记录。等用工单位讲述完问题后，劳务派遣管理员复述其核心问题并征询用工单位意见，对于较小的诉求，自己能解决的应马上答复用工单位。对于当时无法解答的，劳务派遣管理员要做出时间上的承诺。并且在处理过程中无论进展如何，到承诺的时间一定要给予用工单位答复，直至问题解决。

（2）设身处地，换位思考。当接到用工单位的诉求时，劳务派遣管理员要具备换位思考的意识。如果是劳务派遣单位的失误，就要代表公司表示歉意，并站在用工单位的立场上为其设计解决方案。对问题的解决，要尽可能提出三套到四套解决方案，并将最佳的一套方案提供给客户，如果客户提出异议，可再换另一套，待客户确认后实施。当问题解决后，劳务派遣管理员和上级主管还需对用工单位进行回访，调查用工单位对本次诉求处理结果的意见反馈，提高用工单位的满意度。

四、客户满意度管理

客户满意度又称客户满意指数，是客户期望值与客户体验的匹配程度，即客户通过对一种产品可感知的效果与其期望值相比较后得出的指数。

客户满意度调查是通过一系列工具来测量一家企业或一个行业在满足或超过客户购买产品的期望方面所达到的程度。

客户满意度调查的一般方法包括问卷调查、电子邮件调查、电话调查、结构式面谈或客户聚焦小组、一对一深入访谈等。现阶段，大多数企业采用问卷方式进行客户满意度调查，所以本部分着重讲解客户满意度调查问卷的相关使用方法，劳务派遣管理员需要掌握客户满意度调查问卷的发放、回收及统计的相关技能。

劳务派遣管理员将公司制作的客户满意度调查问卷发放给现阶段所有用工单位。除发放纸制问卷外，劳务派遣管理员还可以将制作的电子版调查问卷通过电子邮件或者社交软件发放给用工单位。发放人选包括用工单位的人力资源部及相关项目部门工作人员等，劳务派遣管理员可根据实际情况选择人员进行发放，而且还需向发送的人员说明问卷的填写规则和提交时间。在和用工单位沟通的过程中必须使用礼貌用语，耐心指导用工单位完成问卷，并做好问卷发放回收工作，填写问卷发放回收表。问卷发放回收表样式见表2-21。

◆ 表2-21 问卷发放回收表样式

序号	客户单位	填表人	发放日期	回收确认	备注

劳务派遣管理员在回收调查问卷时，应对问卷做基本的筛选，分成有效问卷和无效问卷，然后将无效问卷剔除。劳务派遣管理员在辨别无效问卷时，可从以下这几个方面着手：一是一份问卷有15%以上的问题没有回答或者回答"无法确定"；二是多数问题都选择相同序号或者有规律的选项，例如大部分问题都选择第二个选项；三是主观问题填写的答案较为敷衍、内容空泛、答非所问等；四是估算正常答题所需的时间，如果问卷填写时间远小于正常答题时间，则可能是无效问卷。

劳务派遣管理员将筛选后的调查问卷进行数据统计，将收取问卷数量和有效问卷数量进行整理汇总后交于上级主管。

第三章

项目风险管控

第一节　风险核查

一、劳动合同风险核查

1. 劳动合同风险类型

在劳务派遣管理中，劳务派遣公司与派遣员工之间的劳动争议大部分与劳动合同有关，因此，劳务派遣管理员应正确认识劳动合同风险，并采取有效措施加以规避。

劳动合同的签订、履行、续订、解除等各环节都存在一定风险，如图3-1所示。

2. 劳动合同风险核查内容

（1）核查劳动合同签订风险。劳动合同签订前应对拟派遣员工进行资格审核，了解其基本情况。

1）核查入职资料。不同的劳务派遣单位要求拟派遣员工提交的入职材料可能会有所差异，下面列举其中关键的5项供参考：本人免冠照片、身份证复印件、毕业证书等证书复印件、体检报告、上一家单位的离职证明。

注意核查入职资料的完整性和真实性。完整性即所有资料务必全部准备齐全；真实性即所提供的资料务必真实。

2）核查劳动合同期限。劳务派遣单位可根据实际情况自行决定劳动合同期限。一般情况下，劳动合同期在3个月以上不满1年的，试用期不得超过1个月；劳动合同期限在1年以上不满3年的，试用期不得超过2个月；3年以上固定期限和无固定期

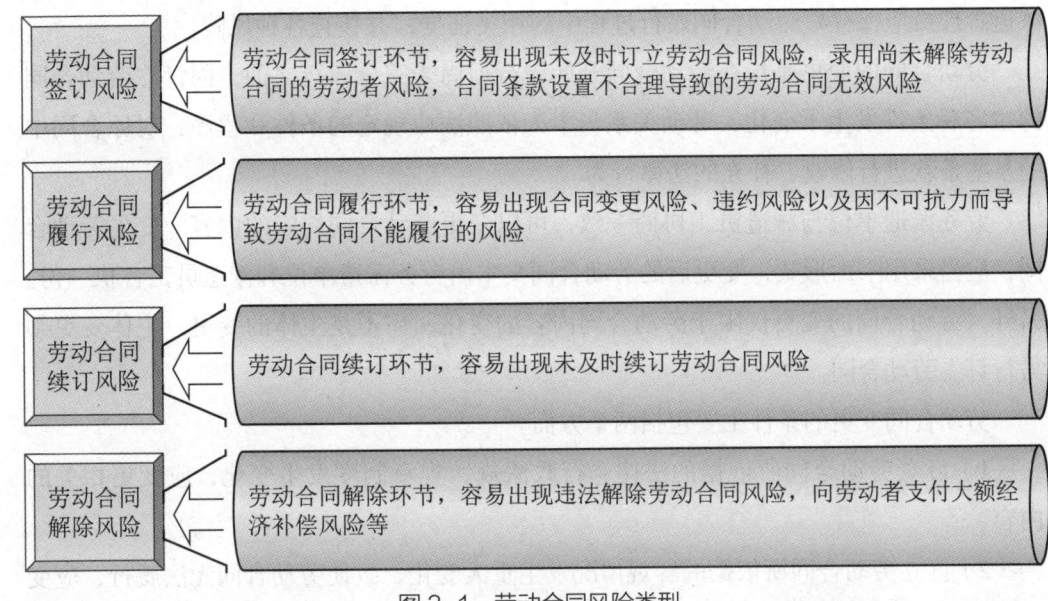

图 3-1 劳动合同风险类型

限的劳动合同,试用期不得超过 6 个月。

劳务派遣单位与同一拟派遣员工只能约定一次试用期。以完成一定工作任务为期限的劳动合同或者劳动合同期限不满 3 个月的,不得约定试用期。试用期包含在劳动合同期限内。劳动合同仅约定试用期的,试用期不成立,该期限为劳动合同期限。

劳务派遣单位与拟派遣员工应在入职当天签订劳动合同,遇到特殊情况时,必须确保在 1 个月内签订劳动合同。

3)核查劳动合同主体。劳动合同的主体即劳动法律关系当事人:劳动者和用人单位。劳务派遣的劳动合同主体是拟派遣员工和劳务派遣单位。拟派遣员工必须本人与劳务派遣单位签订劳动合同,不得由他人代签。

4)核查劳动合同形式。劳动合同一定要以书面形式订立,拟派遣员工和劳务派遣单位签字确认、加盖公章后,派遣员工和劳务派遣单位各持一份劳动合同。

5)核查劳动合同条款。劳动合同法规定,劳动合同应当具备以下条款:用人单位的名称、住所和法定代表人或者主要负责人,劳动者的姓名、住址和居民身份证或者其他有效身份证件号码,劳动合同期限,工作内容和工作地点,工作时间和休息休假,劳动报酬,社会保险,劳动保护、劳动条件和职业危害防护,法律、法规规定应当纳入劳动合同的其他事项。若劳务派遣指定用工单位,则需在劳动合同条款中注明。应由法务人员对劳动合同主要条款进行审查,必要时可聘请专业律师审查。

(2)核查劳动合同履行风险。劳动合同履行过程中易出现合同变更等风险,劳务派遣管理员应保存好劳动合同履行过程中的相关证据，并核查各种风险。

劳动合同的变更是指在劳动合同开始履行但尚未完全履行之前，因订立劳动合同的主客观条件发生了变化，劳动关系当事人依照法律规定的条件和程序，对原合同中的某些条款进行修改、补充的法律行为。

劳务派遣单位与派遣员工协商一致，可以变更劳动合同约定的内容。变更劳动合同，应当采用书面形式，变更后的劳动合同文本由劳务派遣单位和派遣员工各执一份。另外，劳动合同的变更仅限于劳动合同内容的变化，而不是主体的变更，主体变更须另行订立劳动合同。

劳动合同变更的条件主要包括两个方面。

1）订立劳动合同所依据的法律、行政法规、规章制度发生变化，应变更相关的内容。

2）订立劳动合同所依据的客观情况发生重大变化，致使劳动合同无法履行，应变更相关的内容。涉及的客观情况主要包括发生自然灾害或企业事故、企业调整生产任务、企业分立或合并、迁移厂址，以及劳动者个人情况发生变化需要调整工作岗位或职务等。

（3）核查劳动合同续订风险。

1）劳务派遣管理员应做好劳动合同监测，及时做出续订与否的决定。

劳动合同期满后，是否续订不宜等到劳动合同期限届满的时候再处理。无论派遣员工愿意续订或拒绝续订，都应在期限届满前1个月履行完订立或终止确认手续。如果劳动合同期满后，派遣员工仍在劳务派遣单位工作，劳务派遣单位未表示异议，也未办理终止或者续订劳动合同的，视为双方同意以原条件继续履行劳动合同。

以下情形，符合劳动合同续订的条件。

①双方协商一致续订劳动合同。

②劳动合同期满，存在劳务派遣单位不得解除合同的情况之一的，劳动合同应当续延至相应的情形消失时终止。

从事接触职业病危害作业的劳动者未进行离岗前职业健康检查，或者疑似职业病病人在诊断或者医学观察期间的。

在本单位患职业病或者因工负伤并被确认丧失或者部分丧失劳动能力的。

患病或者非因工负伤，在规定的医疗期内的。

女职工在孕期、产期、哺乳期的。

在本单位连续工作满15年，且距法定退休年龄不足5年的。

法律、行政法规规定的其他情形。

③劳动者在同一用人单位连续工作满10年以上，当事人双方同意续延劳动合同的，如果劳动者提出订立无固定限期的劳动合同，应当订立无固定限期的劳动合同。

2）劳务派遣公司如不再与派遣员工续订劳动合同，应按法律规定提前通知派遣员工。

劳务派遣公司应提前30日采取书面形式通知派遣员工，并向派遣员工支付经济补偿。经济补偿按劳动者在本单位工作的年限，每满1年支付1个月工资的标准向劳动者支付。6个月以上不满1年的，按1年计算；不满6个月的，向劳动者支付半个月工资的经济补偿。

（4）核查劳动合同解除风险。

1）劳务派遣管理员应监控劳动合同到期时间，并按规定发放解除劳动合同通知。在派遣员工劳动合同期限届满前1个月履行完终止确认手续，并根据法律要求支付经济补偿。

2）劳务派遣单位和用工单位相关部门应收集、保留足够证据，以防止形成纠纷。

3. 派遣员工资料定期更新、归档

劳务派遣管理员对派遣员工个人信息表、劳动合同等资料进行收集整理，建立派遣员工档案，做到一人一档，并在档案中详细填写派遣员工的姓名及档案资料清单。派遣员工档案按企业要求进行管理，并登记员工档案信息表，以便在需要时及时查询。当派遣员工资料更新时，劳务派遣管理员须及时将派遣员工资料进行归档，并更新档案资料清单。

二、社会保险和住房公积金管理风险核查

1. 社会保险和住房公积金的风险内容

社会保险和住房公积金管理的风险主要存在于以下4个方面。其中，前两项是违法行为，后两项应尽力避免。

（1）劳务派遣单位以工资形式向派遣员工发放社会保险和住房公积金补贴，或双方约定派遣员工自愿放弃社会保险和住房公积金福利。

（2）为降低成本，劳务派遣单位以当地最低基数缴纳社会保险和住房公积金。

（3）社会保险和住房公积金办理资料不全或资料信息错误，导致未及时为派遣员工办理社会保险和住房公积金业务。

（4）由于派遣员工流动性大，社会保险和住房公积金业务申报任务重，未及时对离职派遣员工社会保险和住房公积金做停缴处理，造成额外成本支出。

2. 社会保险和住房公积金的风险核查内容

（1）核查派遣员工社会保险和住房公积金的缴纳情况

劳务派遣管理员应定期核查派遣员工社会保险和住房公积金的缴纳情况，如社会保险和住房公积金是否正常缴纳、缴纳基数是否符合法律规定、缴纳金额是否正确等，以免产生风险和纠纷。

（2）核查资料清点审核环节风险

社会保险和住房公积金代理经办人员的能力和素质如果存在问题，或对其应当履行的责任与义务认识不到位，会导致对参加社会保险和住房公积金派遣员工的增减资料清点审核不到位，导致提交了不准确、不齐全的资料。更有甚者，对提交的虚假资料不闻不问，会给所在的劳务派遣单位或用工单位带来违法违规风险。因此，在办理社会保险和住房公积金业务时，劳务派遣管理员应对资料进行审核，以免产生风险。

（3）核查增减信息录入环节风险

如果派遣员工的流动性较大，参加社会保险和住房公积金的增减申报事务比较集中，增减申报信息的录入量大，再加上经办人员业务不熟练或不熟悉社会保险和住房公积金的信息系统，在手工输入过程中不能正确地录入派遣员工的增减信息，就会出现错录、漏录现象。

（4）核查增减手续现场办理环节风险

经办人员带到办理现场的纸质材料不是原件或者类别不齐全，或提交的报盘内容不对、与纸质材料的内容不一致等均会导致无法成功地办理增减手续。劳务派遣管理员在为派遣员工办理社会保险和住房公积金现场业务时，需要提前咨询与业务相关的资料及要求，减少或避免因资料原因导致的风险问题。

三、安全生产风险核查

1. 安全生产的定义

安全生产是指在社会生产活动中，通过生产人员、生产设备、生产环境、生产物料、生产方法的和谐运作，使各种事故风险和伤害处于可控制状态，切实保护劳动者的生命安全和身体健康。

安全生产是保护派遣员工的安全、健康和财产，促进企业和社会生产力发展的基本保证。因此，做好安全生产工作具有重要的意义。

2. 安全生产风险

（1）设备安全风险。设备在运行中，如检修、维护不及时，防护设施不到位等都有可能造成安全隐患,导致派遣员工在操作中面临安全风险。

(2)安全事故风险。安全隐患排除不及时、安全防护措施较弱、安全事故不能及时处理、安全责任人不能及时追究责任等都可能造成安全事故风险。

(3)安全生产制度风险。企业缺乏完善的安全生产相关制度,可能导致企业安全生产管理工作缺乏实施依据,派遣员工生产作业缺乏规范的指导文件。

(4)安全检查准备风险。安全检查准备不足,如未准备安全检查表及检查工具,会导致安全检查无法实施或检查结果不科学。

3. 安全生产风险核查内容

(1)查思想。检查派遣员工对安全生产的认识与责任心;检查派遣员工能否从存在安全隐患的问题及安全事故中吸取教训。

(2)查管理。检查派遣员工能否正确处理安全与生产的关系;检查派遣员工的安全教育执行情况;检查管理人员能否严肃处理安全生产问题,并落实整改措施。

(3)查执行。检查各项安全生产制度的执行情况,有无违章指挥、违章作业的现象;检查派遣员工是否严格执行相应的安全操作规程。

(4)查记录。检查派遣员工各项工序操作是否按时进行记录;检查各项原始记录凭证是否如实、准确。

(5)查环境。检查派遣员工工位、器具堆放是否整齐;检查劳动防护用品的穿戴、保管是否良好。

第二节 风险处理

一、劳动争议处理

劳动争议是指劳动关系当事人因劳动权利义务发生分歧而引起的争议。

1. 常见劳动争议类型

常见劳动争议的起因和类型如下。

(1)因确认劳动关系发生的争议。

(2)因订立、履行、变更、解除和终止劳动合同发生的争议。

(3)因除名、辞退和辞职、离职发生的争议。

（4）因工作时间、休息休假、社会保险、福利、培训以及劳动保护发生的争议。

（5）因劳动报酬、工伤医疗费、经济补偿或者赔偿金等问题发生的争议。

2. 劳动争议处理

（1）收集劳动争议事件信息。当派遣员工发生劳动争议时，劳务派遣管理员应及时上报劳务派遣单位和用工单位，并收集劳动争议事件的信息，了解劳动争议事件发生的原因、经过和派遣员工诉求。

（2）跟踪并上报劳动争议处理情况。劳务派遣管理员应对劳动争议事件做好相关记录，对处理情况进行跟踪，了解劳动争议的处理过程、处理方法和处理结果，并将信息及时上报给劳务派遣单位和用工单位。同时，劳务派遣管理员应及时跟进派遣员工对劳动争议处理的看法及意见，做好员工心理疏导。

（3）归档劳动争议资料。派遣员工劳动争议事件处理后，劳务派遣管理员应对劳动争议资料进行收集整理和存档，做好资料存档工作。

二、突发事件处理

突发事件是指突然发生、造成或者可能造成严重社会危害，需要采取应急处置措施予以应对的自然灾害、事故灾难、公共卫生事件和社会安全事件。

1. 突发事件处理

当用工单位发生派遣员工突发事件时，劳务派遣管理员应根据突发事件预案流程进行处理，如没有处理预案，劳务派遣管理员应第一时间上报用工单位。

（1）收集突发事件信息。当发生突发事件时，劳务派遣管理员应第一时间上报用工单位，报告突发事件发生的时间和地点，调查突发事件发生的原因，了解事件发生的经过、伤亡情况和经济损失情况。

（2）跟踪并上报突发事件处理情况。劳务派遣管理员应注意保护现场，协助用工单位做好现场工作，维持现场秩序，并对事件的起因、涉及的员工、事件的经过等情况进行调查，将信息汇总上报给劳务派遣单位和用工单位相关部门，协助进行涉事员工的处理工作，并做好员工的心理疏导和安抚工作。

（3）归档突发事件资料。劳务派遣管理员应对突发事件的相关资料进行整理，并总结工作经验，做好备案存档，以备日后查询核实。

2. 突发事件信息收集方法

发生派遣员工突发事件时，劳务派遣管理员应及时收集资料，并进行上报处理。信息收集的方法主要有以下几种。

（1）用工单位反馈法。劳务派遣管理员可以通过向用工单位咨询，由用工单位反馈关于派遣员工突发事件的信息及处理结果等信息。

（2）员工上报法。劳务派遣管理员可根据员工上报的信息，对突发事件信息进行收集整理，但劳务派遣管理员应判断员工上报信息的真实性，以免产生信息错误。

（3）现场收集法。劳务派遣管理员可通过观察突发事件现场情况，进行信息的实地收集与记录。

三、工伤处理

1. 工伤认定申请

派遣员工在工作中发生伤害后，劳务派遣管理员应报告用工单位和劳务派遣单位，并向统筹地区社会保险行政部门提出工伤认定申请。

（1）派遣员工工伤的认定情形。《工伤保险条例》对工伤情形的判断作出了明确规定，职工有下列情形之一的，应当认定为工伤：

在工作时间和工作场所内，因工作原因受到事故伤害的。

工作时间前后在工作场所内，从事与工作有关的预备性或者收尾性工作受到事故伤害的。

在工作时间和工作场所内，因履行工作职责受到暴力等意外伤害的。

患职业病的。

因工外出期间，由于工作原因受到伤害或者发生事故下落不明的。

在上下班途中，受到非本人主要责任的交通事故或者城市轨道交通、客运轮渡、火车事故伤害的。

法律、行政法规规定应当认定为工伤的其他情形。

职工有下列情形之一的，视同工伤：

在工作时间和工作岗位，突发疾病死亡或者在 48 小时之内经抢救无效死亡的。

在抢险救灾等维护国家利益、公共利益活动中受到伤害的。

职工原在军队服役，因战、因公负伤致残，已取得革命伤残军人证，到用人单位后旧伤复发的。

（2）工伤认定申请时限。劳务派遣管理员应当自派遣员工事故伤害发生或被诊断为职业病之日起 30 日内，向统筹地区社会保险行政部门提出工伤认定申请，遇有特殊情况经相关部门同意可适当延长。

（3）工伤认定的费用承担。劳务派遣管理员或劳务派遣单位未在规定的时间内提交工伤认定申请的，在此期间发生符合工伤保险条例规定的工伤待遇等有关费用，由该劳务派遣单位承担。

（4）工伤认定申请提交的材料包括以下内容。

1）工伤认定申请表。工伤认定申请表应当包括事故发生的时间、地点、原因以及职工伤害程度等基本情况。

2）与用人单位存在劳动关系（包括事实劳动关系）的证明材料。

3）医疗诊断证明或者职业病诊断证明书（或者职业病诊断鉴定书）。

（5）劳动能力鉴定。根据《工伤保险条例》有关规定，职工发生工伤，经治疗伤情相对稳定后存在残疾、影响劳动能力的，应当进行劳动能力鉴定。劳动能力鉴定是指劳动功能障碍程度和生活自理障碍程度的等级鉴定。劳动功能障碍分为十个伤残等级，最重的为一级，最轻的为十级。生活自理障碍分为三个等级：生活完全不能自理、生活大部分不能自理和生活部分不能自理。

劳动能力鉴定由用人单位、工伤职工或者其直系亲属向设区的市级劳动能力鉴定委员会提出申请，并提供工伤认定决定和职工工伤医疗的有关资料。

自劳动能力鉴定结论作出之日起1年后，工伤职工或者其直系亲属、所在单位或者经办机构认为伤残情况发生变化的，可以申请劳动能力复查鉴定。

2. 工伤保险待遇申报

工伤保险待遇是指对职工因工发生暂时或永久人身健康或生命损害的一种补救和补偿，其作用是使伤残者的医疗、生活有保障，使工亡者遗属的基本生活得到保障。我国工伤保险待遇包括工伤医疗待遇和工伤致残待遇。

（1）医疗待遇申报。治疗工伤所需费用符合工伤保险诊疗项目目录、工伤保险药品目录、工伤保险住院服务标准的，从工伤保险基金支付。工伤职工治疗非工伤引发的疾病不享受工伤医疗待遇。

工伤职工到签订服务协议的医疗机构进行工伤康复的费用，符合规定的，从工伤保险基金中支付。工伤职工因日常生活或者就业需要，经劳动能力鉴定委员会确认，可以安装假肢、矫正器、假眼、假牙和配置轮椅等辅助器具，所需费用按照国家规定的标准从工伤保险基金中支付。

1）医疗费用申报的材料各区域有所不同，一般包括：工伤医疗（康复）待遇申请表、工伤认定决定通知书、工伤职工身份证和社会保障卡复印件、经审批的工伤事故备案表、经审批的工伤职工登记表、门诊发票与费用明细清单、门诊病历、检查化验结果单、住院发票与费用明细清单、病症诊断证明书、出院记录或出院小结等。

2）办理流程。劳务派遣管理员或派遣单位社保经办人将资料提交至社保经办部门进行办理。

（2）工伤致残申报。工伤致残待遇根据职工伤残等级享受不同的待遇。从工伤保险基金按伤残等级支付一次性伤残补助金，标准为：一级伤残为27个月的本人工资，二级伤残为25个月的本人工资，三级伤残为23个月的本人工资，四级伤残为21个月的本人工资，五级伤残为18个月的本人工资，六级伤残为16个月的本人工资，七级伤残为13个月的本人工资，八级伤残为11个月的本人工资，九级伤残为9个月的本人工资，十级伤残为7个月的本人工资。生活不能自理的工伤职工在停工留薪期需要护理的，由所在单位负责。工伤职工已经评定伤残等级并经劳动能力鉴定委员会确认需要生活护理的，从工伤保险基金按月支付生活护理费。生活护理费按照生活完全不能自理、生活大部分不能自理或者生活部分不能自理3个不同等级支付，其标准分别为统筹地区上年度职工月平均工资的50%、40%或者30%。

1）申报材料一般包括：工伤待遇申报表、工伤职工身份证复印件、劳动能力鉴定书，如有医疗费用，还需要医疗费用发票、诊断证明、病历资料等。

2）办理流程。劳务派遣管理员或派遣单位社保经办人将资料提交至社保经办部门进行办理。

四、意外伤害处理

意外伤害是指因意外导致身体受到伤害的事件，是指外来的、突发的、非本意的、非疾病的使身体受到伤害的客观事件。

1. 意外伤害处理程序

（1）派遣员工发生意外伤害时，劳务派遣管理员应及时通知劳务派遣单位和用工单位，采取救治措施，对于伤害程度较小的，劳务派遣管理员应做好紧急处理工作；对于伤害程度较大的，劳务派遣管理员应在第一时间将受伤的派遣员工送往医院治疗并通知派遣员工家属，做好情绪安抚工作和员工救治工作。

（2）劳务派遣管理员和用工单位相关部门负责人对事故责任进行鉴定和调查，并填写事故调查报告。涉及工伤事故的，劳务派遣管理员与劳务派遣单位按照工伤事故处理规定执行，不属于工伤事故的，劳务派遣管理员应协助用工单位相关部门，做好善后工作，从而保障派遣员工权益。

为减少派遣员工意外伤害带来的损失，劳务派遣单位可为派遣员工购买意外伤害商业保险。

2. 商业保险定义

商业保险是以被保险人因遭受意外伤害造成死亡、残疾为给付保险金条件的人身保险。其基本内容是：投保人向保险人交纳一定的保险费，如果被保险人在保险期限内遭受意外伤害并以此为直接原因或近因，在自遭受意外伤害之日起的一定时期内造成死亡、残疾、支出医疗费或暂时丧失劳动能力，则保险人给付被保险人或其受益人一定数量的保险金。

3. 商业保险理赔处理

当派遣员工遇到意外伤害事故时，劳务派遣管理员应第一时间通知劳务派遣单位和用工单位，并根据意外伤害程度，及时做好理赔工作。

（1）意外受伤。当派遣员工意外受伤时，若劳务派遣管理员在现场，应立即确认派遣员工意外受伤程度，针对程度较小的伤害，劳务派遣管理员可在现场进行紧急处理，并安抚好派遣员工的情绪。若派遣员工需送医治疗，劳务派遣管理员应拨打急救电话，同时联系派遣员工亲属，对受伤的派遣员工进行紧急处理并等待救护，同时陪同受伤员工去医院进行救治。若受伤员工需住院，劳务派遣管理员应负责办理或协助员工家属办理住院手续。劳务派遣管理员应及时与用工单位人力资源部相关人员取得联系，保留与事故性质、原因、伤害程度相关的资料。若因用工单位原因造成派遣员工意外受伤，需由用工单位负责受伤员工的医疗费用；若因派遣员工个人原因导致的意外伤害，由派遣员工个人承担医疗费用，劳务派遣单位和用工单位根据派遣员工受伤害程度，给予不同数额的慰问金。涉及意外伤害保险赔偿，劳务派遣管理员应保留好医院诊断证明，包括但不限于门诊或急诊病历、相关检查报告、出院记录、医疗费用清单等，并在第一时间联系劳务派遣单位及保险公司，填写保险理赔申请，并根据理赔要求，提供相关证明文件，办理理赔手续。

（2）意外残疾。若派遣员工因意外伤害致残，员工需到保险公司指定的鉴定机构或司法鉴定机构开具有关证明和资料，同时保留好医院诊断治疗和事故的相关资料，由劳务派遣管理员联系保险公司，办理保险理赔手续，根据残疾等级计算赔付比例。

（3）意外身故。若派遣员工因意外伤害身故，劳务派遣管理员需提供派遣员工的死亡证明材料和与确定的保险事故有关的证明材料，并联系保险公司，为派遣员工办理意外身故保险赔付。

4. 意外伤害事件报告

劳务派遣管理员应对派遣员工意外伤害事件调查和处理结果做好记录，编写意外伤害事件报告，以备后期进行信息查询，同时为后续意外伤害事件处理提供依据。意外伤害事件报告包括但不限于以下内容：意外伤害员工信息，意外伤害发生的时间、地点、经过，意外伤害原因分析，意外伤害责任界定，派遣员工受伤状况及采取的医疗措施，意外伤害处理过程，意外伤害保险报险情况和意外伤害事件的整改措施建议。

第二部分 劳务派遣管理员三级

第四章

项目开发管理

第一节 项目分析与策划

一、用工单位需求分析

对于用工单位而言,其主要需求是劳务派遣服务,受派遣方式的影响,劳务派遣服务又分为多种,有的是劳务派遣单位提供被派遣员工,并对其进行管理;有的是用工单位对已有的某些员工进行劳务派遣处理。为此,劳务派遣管理员要进行用工单位需求分析,以便劳务派遣单位能够根据用工单位的需求提供完善的服务。对于用工单位的需求信息,主要从以下几个方面进行分析。

1. 分析需求信息的有效性

需求信息的有效性可分为两个方面,一个是真实性,另一个是时效性。如需求信息不真实,自然就不具备有效性;需求信息虽然真实,但若不具备时效性,错过了需求期,也不具备有效性。

2. 分析需求信息的重要性

需求信息是否重要,主要是从需求的缓急程度和需求数量来判断的。若客户需求急切、需求量大,说明此类信息是重要的需求信息,应该优先处理;反之,客户需求不急切甚至不明确,需求量也较小,则表明该类信息的重要程度相对较低。

3. 分析满足客户需求的难易程度

对于已经确定的需求信息,需要根据企业自身的服务水平来判断满足的难易程度,将难易程度分类整理后及时向上级汇报，请其定夺处理办法。

二、投标书制作

标书分为招标书与投标书。招标书又称招标文件，是由招标方编制或委托设计单位编制，向投标方提供的对招投标项目的主要技术、质量、工期等进行要求的文件。投标书又称投标文件，是指投标方按照招标书的条件和要求，向招标方提交报价并填具标单的文书。

劳务派遣单位一般作为投标方参与招投标活动，因此劳务派遣管理员需要掌握投标书制作的相关内容。

1. 投标书的内容

投标书的具体内容与格式，是在招标书中明确要求的，但需要明确的是，以下几点是投标书的必备内容，不论招标文件有无要求，都要编写在投标书里。

（1）公司营业执照、资质证书。

（2）公司财务审计报告。

（3）设备介绍和技术能力介绍。

（4）纳税证明和社保证明。

（5）无法律法规禁止投标的承诺书。

另外，有些招标文件还要求提供标书购买证明和投标保证金缴纳证明两项内容。

2. 投标书的制作与投递

投标书的制作与投递可分为4步，具体内容如下。

（1）研读招标文件。投标书需要严格按照招标文件的要求进行制作，因此，制作投标书的第一步就是研读招标文件。在这一步，劳务派遣管理员需要关注招标方的招标要求，判断所在单位能否达到招标要求，并将需要提供的各类文件列出清单，依次准备。

（2）制作投标书。劳务派遣管理员按照招标文件要求制作投标书，在制作中需要注意几点。首先，定期确认招标方的要求，确认招标文件是否变更，若变更则要及时对标书做出相应更改；其次，投标书所有内容要准确，不得出现错误，尤其是日期、数量、金额等；最后，要严格把控投标书的制作时间，必须在招标文件要求的日期之前制作完成。

（3）封装投标书。投标书属于商业秘密，必须按照要求规范封装，严格保密。投标书的封装有以下几个要点。一是文件次序，根据招标文件要求，将各类文件按照规定次序封装；二是骑缝盖章，盖骑缝章的作用是防范风险，确保投标文件不被更换、泄露。

（4）投递投标书。劳务派遣管理员要以招标方规定的方式，在规定的时间和地点投递标书，不得延误，否则投标书将被视为作废。

三、编制合作方案

合作方案是指合作双方关于项目开展在一定共识下的规划，是双方后续开展合作的基础，一般由双方共同确定，或由单方确定后再通过谈判达成共识。劳务派遣管理员需要掌握合作方案包括的内容和编写要求。

1. 合作方案的内容

合作方案一般包括以下内容。

（1）合作背景。介绍合作的契机，以及双方意向概况。

（2）双方简介。介绍合作双方企业背景，包括企业名称、业务范围、经营状况等。

（3）项目简介。介绍双方合作项目的基本内容，包括项目名称、开始时间、地点、负责人、所需资源、预期收益等。

（4）合作模式。介绍双方开展合作的计划，包括分解项目、组建团队，以及双方合作时各方的权利和义务。

（5）合作启动事宜。介绍双方正式签约开始合作的时间与地点，以及相关权责人。

（6）合作进度控制。介绍双方合作过程中问题处理的预案，确保合作有效进行。

（7）合作结束事宜。介绍合作完成后，项目验收、费用支付等问题，具体问题在合作协议中加以明确。

（8）其他。根据项目实际情况，可能会有其他问题需要被纳入合作方案中。

2. 编写合作方案的要求

合作方案能体现双方的合作诚意，因此必须规范编写、把控质量。劳务派遣管理员在编写合作方案时，要注意以下要求。

（1）外在要求。从外表来看，所编写的合作方案要外观精美、排版工整、格式规范、图文并茂、条理清晰、内容准确。

（2）内在要求。从内核来看，所编写的合作方案需要满足以下要求。

1）整体感强。要求结构完整，应当介绍的内容要全面、具体、无遗漏。

2）清晰准确。在保证方案专业性的同时，要求方案行文流畅、语言准确、重点突出、易于理解。

3）逻辑严密。要求方案结构合理、思路清晰。

4）针对性强。方案要符合合作双方的需求，做到切实可行。

第二节　项目评估与分析

一、项目合规性审核

劳务派遣单位与合作方（即用工单位）发生劳务派遣业务合作，产生劳务派遣合作项目之前，劳务派遣管理员需要审核双方合作项目的合规性。

1. 项目合规性审核的原则

劳务派遣管理员要坚持客观性、法制性、准确性、重点性原则。

（1）客观性原则。客观性原则就是实事求是的原则，是指项目合规性审核工作必须以客观事实为依据，否则，就失去了审核工作的基础。

（2）法制性原则。法制是项目合规性审核的准绳和规范。项目合规性审核工作必须以法律法规和国家的政策作为判断双方合作项目是否合法、合理的标准，这是一项重要的基本原则，因此必须遵守。

（3）准确性原则。准确性原则是指项目所涉及的资料分析、数据处理等要准确。

（4）重点性原则。重点性原则是指劳务派遣管理员在进行审核工作时，应该注意对重要的事项进行优先审核、反复审核。

2. 项目合规性审核的内容

对于劳务派遣合作项目而言，项目合规性审核的内容主要包括以下几个方面。

（1）项目主体是否合规，是指劳务派遣单位与其合作单位——用工单位是否合法、妥善、健康经营以及劳务派遣单位是否具备从事相关业务的资格等。

（2）项目内容是否合规。基于劳务派遣项目的特殊性，此处重点说明以下几点。

1）派遣员工的劳动关系。根据我国法律法规的有关规定，劳务派遣中，派遣员工应与劳务派遣单位签订劳动合同，建立劳动关系。劳务派遣管理员应审核明确该次合作项目中是否明确了此项内容。

2）用工范围和用工比例。根据《劳务派遣暂行规定》有关规定，用工单位只能在临时性、辅助性或者替代性的工作岗位上使用被派遣劳动者。劳务派遣管理员需要根据规定严格审核合作方的用工范围与比例。

（3）同工同酬。用工单位应当按照劳动合同法有关规定，向被派遣劳动者提供与工作岗位相关的福利待遇，被派遣劳动者享有与用工单位的劳动者同工同酬的权利。劳务派遣管理员需要审核合作项目中相关协议，确认双方合作是否坚持了同工同酬原则。

二、项目成本测算

1. 项目成本测算依据

项目成本测算是指根据项目的资源需求计划及各种资源价格信息，估算和确定项目总成本的管理工作。在实际工作中，项目成本测算的主要依据包括但不限于：项目范围说明书、项目工作分解结构、项目资源需求计划、项目工期要求、项目质量需求、企业其他项目账目表。

2. 项目成本测算内容

项目成本一般分为直接成本和间接成本，但由于劳务派遣属于服务业，这种分类方法对于劳务派遣项目来说并不贴切。因此，对于四级劳务派遣管理员而言，只需明确劳务派遣项目成本的来源并对其进行测算即可。

（1）人工成本。人工成本包括3个方面的内容，一是项目派遣员工的薪酬福利及社会保险、住房公积金成本；二是直接与项目相关的劳务派遣管理员的薪酬福利及社会保险、住房公积金成本；三是参与项目的管理人员的薪酬福利及社会保险、住房公积金成本。

（2）材料与设备成本。在劳务派遣项目的前期考察、接洽、投标、谈判、计划制订、后续服务实施（招聘、培训、管理等）期间，产生的如办公用品、办公设备等方面的成本。

（3）咨询成本。劳务派遣项目进行过程中，可能存在的各种咨询和专家服务费用。

（4）风险成本。可能存在的工伤、违约、不可预见风险等带来的成本。

3. 项目成本测算方法

劳务派遣管理员需要掌握以下两种常见的项目成本测算方法。

（1）自上而下估算法，又称为类比估算法，是指通过与已完成的类似项目的实际成本进行类比，由项目最高层管理人员确定整个项目的总成本，项目其他层管理人员依次确定所属项目工作的费用成本，从而最终确定项目成本的方法。自上而下估算法适用于精度要求不高的估算。其优点是操作简单，成本低，缺点是估算精度低。

（2）自下而上估算法，又称工料清单法，即根据项目分解结构，从估算项目最底层工作的成本开始，依次加和，同时加上各种杂项开支、一般性开支等费用，从而确定项目最终成本的方法。自下而上估算法适用于精度要求高的估算。其优点是估算精度高，明确了各项工作的成本，避免引发冲突；缺点是操作复杂、时间过长，各工作执行人员在估算时会有高估费用的倾向，导致最终确定的成本过高。

三、项目收益分析

1. 项目收益的内容和分析方法

（1）项目收益的内容。在劳务派遣项目中，劳务派遣单位与用工单位签订劳务派遣协议，约定由劳务派遣单位向用工单位提供派遣员工，并负责派遣员工的管理（也存在由用工单位提供派遣员工，由劳务派遣单位进行管理的情况），用工单位向劳务派遣单位提供劳务派遣管理费用。劳务派遣管理费用一般按派遣员工数量计算并收取，如每人每月100元。由此可见，这项费用就是劳务派遣单位的主要收益，也是项目收益的主要内容。

（2）项目收益的分析方法。要分析项目的收益，就必须分析项目成本。在项目评估阶段，项目收益的分析方法主要使用的是成本效益分析法。成本效益分析法的基本原理是针对某项支出目标，提出若干实现该目标的方案，再运用一定的技术方法，计算出每种方案的成本和收益，通过比较方法，并依据一定的原则，选择出最优的决策方案。成本效益分析法的这一工作原理，使其特别适合运用在项目评估与分析阶段。

对劳务派遣项目进行成本效益分析，首先，要确定劳务派遣项目中的所有成本，并确定是否有额外收益，因为这将影响成本收益的计算；其次，根据用工单位的服务要求，分解劳务派遣项目的工作程序，分析确定可以节省费用的环节，这些环节可能有多个，也可能有不同的节省费用方法；再次，要评估难以量化的效益和成本；最后，制定预期成本和预期收益明细表。根据不同的费用节省方法，会有不同的成本效益明细，劳务派遣管理员要保证在达到项目要求的情况下选择最佳成本效益组合。

2. 影响项目收益变化的因素

劳务派遣管理员对项目收益进行分析，其中一个重点内容就是分析影响其变化的因素。对于劳务派遣合作项目而言，影响其收益变化的因素主来自以下4个方面。

（1）用工单位方面。来自用工单位的影响主要是由用工单位的经营情况、资金流转情况、劳动环境、相关岗位人事变动等带来的。若用工单位运营情况良好、资金流转正常，便能保持合作能力，且能保证费用支付；用工单位的劳动环境、相关岗位的人事变动等，会直接影响派遣员工的工作情况，若这些因素异常，可能会引发各类事故或纠纷，直接影响项目收益。

（2）劳务派遣单位方面。与用工单位对应，己方服务能力也是影响项目收益的重要因素。若己方服务能力强，能令合作单位完全满意，则会对项目收益产生有利影响；若己方出现服务水平低下，甚至发生违约现象，则会导致项目收益下降。另外，若劳务派遣单位不能保持良好经营，项目甚至会被迫中止，其产生的影响是不言而喻的。

（3）派遣员工方面。若派遣员工工作状态稳定、工作质量高、工作能力强、安全生产、身心健康，则会对项目收益产生有利影响；若派遣员工消极怠工、违反规章制度，甚至发生安全事故，产生违法犯罪等行为，势必会对项目收益造成影响。

（4）外部环境方面。若国家关于劳务派遣的政策发生较大改变，或发生劳务市场波动、经济增长下滑，甚至出现不可预估的灾难、传染病等极端情况，则势必会给项目收益带来负面影响。

第三节 协议草拟与修改

一、合作协议的内容

对于劳务派遣项目而言，合作协议是指劳务派遣协议。劳务派遣协议是指劳务派遣单位与合作单位——用工单位签订的约定双方在劳务派遣业务发生过程中各自权利义务的合同性文件。

根据《中华人民共和国合同法》第十二条规定，合同的内容由当事人约定，一般包括以下条款：当事人的名称或者姓名和住所，标的，数量，质量，价款或者报酬，履行期限、地点和方式，违约责任，解决争议的方法。当事人可以参照各类合同的示范文本订立合同。

另外，根据《劳务派遣暂行规定》第七条规定，劳务派遣协议应当载明下列内容：派遣的工作岗位名称和岗位性质，工作地点，派遣员工数量和派遣期限，按照同工同酬原则确定的劳动报酬数额和支付方式，社会保险费的数额和支付方式，工作时间和休息休假事项，被派遣劳动者工伤、生育或者患病期间的相关待遇，劳动安全卫生以及培训事项，经济补偿等费用，劳务派遣协议期限，劳务派遣服务费的支付方式和标准，违反劳务派遣协议的责任，法律、法规、规章规定应当纳入劳务派遣协议的其他事项。

二、草拟与修改合作协议

劳务派遣管理员需要具有订立合作协议的能力，并熟悉草拟合作协议的要求，只有具备草拟合作协议的能力，熟悉草拟合作协议的相关要求，在特殊情况下才能在专业法务人员的建议下修改合作协议。草拟与修改合作协议的要求如下。

1. 把握合作协议的订立原则

应当明确，合作协议的订立是建立在自愿平等、协商一致、公平公正、诚实信用、遵纪守法原则上的，因此劳务派遣管理员在草拟与修改合作协议时也要把握以上原则。

2. 明确合作协议的内容

明确合作协议的内容包含两个方面的要求。一方面要求合作协议完整。合作协议的内容在前文已经提及，劳务派遣管理员要熟悉合作协议的必备内容。合作协议内容要完善且正确，规定要具体且细致，不可错过重要细节。在草拟和修改协议时要避免遗漏，否则合作协议容易变成无效协议。另一方面要重点把控核心内容。合作协议中的权责关系、服务方式、费用结算方式、违约责任、协议的终止或更改等核心内容需要重点把控。

3. 遵守合作协议的格式

常见的合作协议应包含标题、合作双方、正文、双方签章等内容，这是合作协议的常见格式，劳务派遣管理员应当把握。若劳务派遣管理员所在单位或合作单位对合作协议另有要求或有规范模板的，应按其要求进行合作协议草拟工作。

4. 把握合作协议的语言措辞

合作协议的措辞要准确严密、通俗易懂，不能模棱两可、语气不清，以免后续引起纠纷。

以下为劳务派遣协议范本。

×××劳务派遣协议

甲方（用工单位）：　　　　　　　　　　乙方（劳务派遣单位）：

地址：　　　　　　　　　　　　　　　　地址：

甲乙双方本着自愿平等、协商一致、公平公正、诚实信用的原则签订本协议，根据《中华人民共和国劳动合同法》及《劳务派遣暂行规定》等有关法律法规规定，约定协议内容并承诺共同遵守。

一、协议期限

本协议自＿＿＿年＿＿＿月＿＿＿日起至＿＿＿年＿＿＿月＿＿＿日止。

二、派遣岗位、人数和期限
1. 甲方对派遣岗位、人数和期限的需求如下。
（1）岗位：__办公室主任助理__；
（2）人数：__1__人；
（3）工作内容：负责办理公文、组织会务，在办公室主任的指导下进行信息处理、沟通协调、信访接待、公务接洽等工作；
（4）工作地点：北京_____；
（5）派遣期限：自___年___月___日起至___年___月___日止。
2. 甲方须将需求岗位的岗位说明书提供给乙方，以方便乙方按需求配置人员。
3. 乙方按照甲方用工需求，推荐符合条件的派遣员工给甲方择优选用。乙方与派遣员工签订劳动合同，承担用人单位对其的义务。
4. 甲方承诺，以上岗位符合国家关于劳务派遣只能在临时性、辅助性或者替代性的工作岗位上使用的要求，并保证没有将延续用工期限分割订立为数个短期劳务派遣协议的情形。

三、工作时间
派遣员工在甲方实行标准工时工作制，每天工作 8 小时，每周工作 5 天，每周六、周日休息。

四、休息休假
1. 派遣员工的休息与休假按照国家规定及甲方的员工考勤管理规定执行。
2. 甲方负责保障派遣员工依法休息休假的权利。甲方因生产经营需要安排派遣员工延长工作时间或在节假日加班的，须依法安排调休或支付加班加点工资。

五、劳动报酬
1. 派遣员工依法享有与其相同或相近岗位劳动者同工同酬的权利，并依法享有用工单位设立的普遍性福利待遇。乙方不得以任何理由克扣甲方支付给派遣员工的劳动报酬。
2. 甲方与乙方约定的派遣员工工资发放时间为每月 31 日，工资由（□甲方 □乙方）以人民币支付给派遣员工本人，不得以实物及有价证券替代货币支付。甲方与乙方均可委托银行代发工资。
3. 甲方与乙方约定，派遣员工的工资标准采用基本工资和绩效工资结合的工资管理办法。基本工资为每月_____元，绩效工资的发放按照甲方薪酬管理的有关规定执行。
4. 甲方须向乙方提供派遣员工所在岗位的具体薪酬管理办法，并由乙方将具体内容告知派遣员工。

六、社会保险与住房公积金
派遣员工的社会保险与住房公积金由乙方负责办理与缴纳。

七、劳动保护、劳动条件与职业危害防护
1. 甲方负责按照国家规定为派遣员工提供劳动条件与劳动保护，主要包括以下内容。
（1）为其配备工位，工位包括桌椅、办公电脑、办公文具等；
（2）根据实际情况为其配备工牌、工服等；
（3）定期组织派遣员工进行体检；
（4）其他：_____。
2. 派遣员工前往甲方指定工作地点报到前，乙方应安排派遣员工进行入职体检，体检费用包含在劳务派遣服务费用之内。
3. 若派遣员工患病、因公负伤或非因公负伤，甲方负责及时救治，乙方负责保障其享受国家规定的医疗期和相应医疗待遇。

八、派遣员工退回

1. 对于乙方派出的派遣员工，有下列情形之一的，甲方可随时将其退回给乙方且无须支付经济补偿金。
（1）严重违反甲方规章制度的；
（2）因严重失职、营私舞弊给甲方造成重大损失的；
（3）被治安处罚、劳动教养等严厉行政处罚的或被依法追究刑事责任的；
（4）从事兼职工作，对完成甲方工作任务造成影响的；
（5）派遣期未满，派遣员工提出停止派遣或擅自离岗的。

2. 有下列情形之一的，甲方可以退回派遣员工，但应提前30日通知乙方及派遣员工本人，符合法律法规关于辞退员工须支付经济补偿情形的，甲方应按照法律规定支付相应的经济补偿金。
（1）派遣员工患病或者非因工负伤，在规定的医疗期满后不能从事原工作，也不能从事甲方另行安排的工作的；
（2）乙方与派遣员工签订劳动合同时所依据的客观情况发生重大变化，致使劳动合同无法履行，经乙方与派遣员工协商，未能就变更劳动合同内容达成一致意见的；
（3）甲方因破产、生产经营发生严重困难或者经营方式调整确需裁减人员的；
（4）派遣员工不能胜任工作，经过培训或岗位调整后仍不能胜任工作的。

3. 派遣员工在甲方工作期间，有下列情形之一的，甲方不得将派遣员工退回乙方。甲方在本条相应的情形消失时并按《中华人民共和国劳动合同法》等法律规定支付经济补偿金等相关费用后，可将派遣员工退回乙方。
（1）从事接触职业病危害作业的派遣员工未进行离岗前职业健康检查，或者疑似职业病病人在诊断或者医学观察期间的；
（2）派遣员工患职业病或者因工负伤并被确认丧失或者部分丧失劳动能力的；
（3）派遣员工患病或者非因工负伤，在规定的医疗期内的；
（4）女职工在孕期、产期、哺乳期的；
（5）法律、行政法规规定的其他情形。

九、劳务派遣服务费用

甲方应承担的相关费用主要包括：
1. 支付给乙方的劳务派遣服务费，费用标准为每人每月_____元。
2. 派遣员工的劳动报酬、各类奖励、福利、社会保险、住房公积金费用。
3. 应由甲方承担的派遣员工工伤事故费用。
4. 退回员工时需要支付经济补偿金的情形下应支付的经济补偿金费用。

十、协议解除、终止与变更

1. 若甲方或乙方因实际情况需解除劳务派遣协议，应提前30日以书面形式通知对方，经双方同意后方可执行，并结清派遣服务费用以及可能存在的赔偿金、违约金等费用，乙方及时召回派遣员工。
2. 若劳务派遣协议到期，则协议自动终止。
3. 若甲方或乙方确有需要，欲变更劳务派遣协议，则双方协商一致后变更劳务派遣协议。若涉及派遣员工相关利益，应告知派遣员工并取得其同意。

十一、劳动争议处理

若甲方与派遣员工发生劳动争议，应先由甲方与派遣员工协商解决，协商未果的，由甲方、乙方、派遣员工三方协商，仍协商未果的，由乙方负责按照法定程序申请劳动争议仲裁与诉讼。

十二、违约责任

1. 甲方无故拖欠乙方费用的,每日按拖欠部分____%的标准向乙方支付违约金。若甲方拖欠费用时间达30日以上,乙方有权解除本协议,并依法追回欠付金额及违约金。

2. 因甲方拖欠费用导致派遣员工薪酬未能发放或未能如期发放所产生的责任由甲方承担。

3. 因乙方违约需承担违约金或经济补偿的,经双方协商并证实后,甲方可在当期结算费用时直接扣减。

十三、其他

1. 本协议一式两份,甲乙双方各执一份,自双方签字盖章之日起生效。

2. 本协议未尽事宜,法律法规有相关规定的,按法律法规相关规定执行;法律法规无相关规定的,由双方协商解决;若双方协商未果或发生争议的,按法定程序请权威机构仲裁。

甲方(盖章): 乙方(盖章):

法定代表人签字: 法定代表人签字:

(或委托代理人签字): (或委托代理人签字):

签订日期:___年___月___日 签订日期:___年___月___日

第五章

项目运营管理

第一节　项目计划制订与执行

一、项目年度经营计划制订

1. 项目年度经营计划的内容

项目年度经营计划是派遣单位加强资源宏观管理、调控投资规模、实现发展战略规划的重要管理措施，是保证企业资产运营安全、经营管理有序、效益稳步提高的重要手段，也是考核各级管理者的重要依据。

项目年度经营计划包括企业及部门两级计划，按照"统一计划、分级管理"的原则进行调控和管理。项目年度经营计划内容不仅包括目标，还包括制定目标的主要依据、实现目标的主要措施、完成计划的风险分析、影响计划执行的各种不确定因素预测以及补救办法等。

项目年度经营计划包括但不限于以下内容。

（1）业务经营（收入、利润）目标。

（2）财务（资金使用）计划。

（3）费用计划。

（4）劳务派遣项目营销计划及市场策略。

（5）人力资源规划与培训计划。

（6）劳动工资计划。

（7）劳务派遣项目管理制度建设计划。

2. 项目年度经营计划的编制依据

（1）企业战略规划、经营方针、长期经营计划、中期经营计划等。

（2）上一年度经营实际情况。

（3）当年的经营环境。

3. 项目年度经营计划制订方法

（1）分析上年度的内外部经营状况。通过对行业及竞争对手的分析，了解劳务派遣行业的发展趋势及竞争对手项目分布、价格策略等信息。对内部经营状况进行诊断，可了解企业上年度经营存在的问题，有助于企业制订改进方案。分析上年度的内外部经营状况，可采用 PEST 和 SWOT 分析法。

1）PEST 分析法。PEST 分析法是企业用于分析宏观环境对企业战略影响的一种分析模型。PEST 分别代表 4 类影响企业战略制定的因素，即 P 代表政治（Political），E 代表经济（Economic），S 代表社会（Social），T 代表技术（Technological）。通过 PEST 分析，确认并评估可能对企业发生影响的相关因素，企业就可以制定相应的策略，减少可能的风险所造成的影响，利用可能的机会实现自己的目标。各类因素的具体内容如图 5-1 所示。

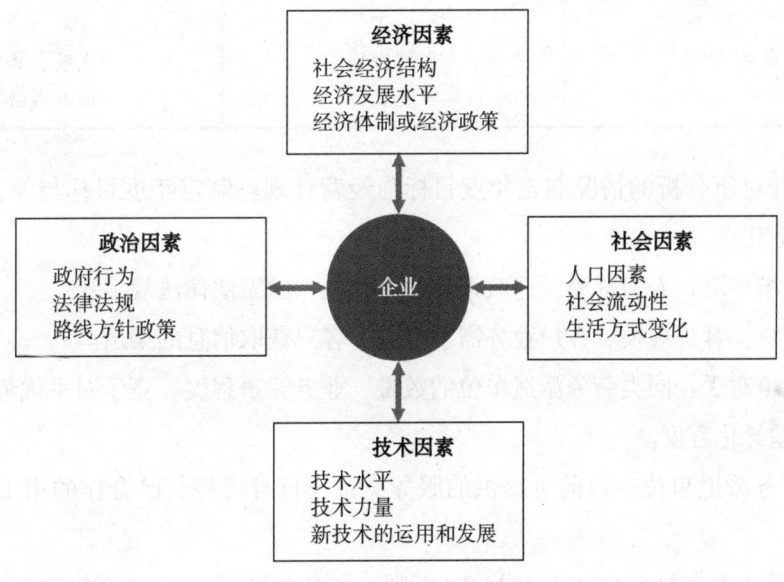

图 5-1 PEST 因素内容

2）SWOT 分析法。SWOT 分析法即态势分析法，它经常用于企业目标的制定、竞争对手分析等方面。

SWOT 分析方法是根据企业自身的既定条件进行分析，找出企业的优势、劣势及核心竞争力。其中，S 代表 Strength（优势），W 代表 Weakness（劣势），O 代表 Opportunity（机会），T 代表 Threat（威胁），其中，S、W 是内部因素，O、T 是外部因素。按照企业战略目标的完整概念，目标应是一个企业"能够做的"（即组织的强项和弱项）和"可能做的"（即环境的机会和威胁）之间的有机组合。

运用这种方法，可以对派遣单位的情景进行全面、系统、准确的研究，从而根据研究结果制定相应的发展战略、计划以及对策等。

企业构建的 SWOT 分析矩阵是在确定内部、外部关键成功因素的基础上，根据研究结果将内部优势与劣势、外部机会与威胁分别列出，由外部与内部两种状态以及其相关匹配关系形成的 4 种不同组合，见表 5-1。

● 表 5-1　SWOT 分析矩阵

外部因素＼内部因素	优势（S）	劣势（W）
机会（O）	S-O 发挥优势 利用机会	W-O 克服劣势 利用机会
威胁（T）	S-T 发挥优势 回避威胁	W-T 克服劣势 回避威胁

（2）针对所分析的情况制定年度目标与经营计划。制定年度目标与经营计划时，应考虑以下几点。

1）市场环境：人力资源派遣政策、经济政策、国家法律法规。

2）客户：客户规模、客户业务需求方向、客户获取信息的渠道。

3）竞争对手：同类劳务派遣单位的数量、业务竞争程度、竞争对手优势及服务类型、产品差异化程度。

4）劳务派遣单位：目前可提供的服务类型、自身优势、已合作的用工单位维护情况。

（3）行动方案制订应符合 SMART 原则。劳务派遣单位在制订年度行动方案时，应以上年度经营状况及下年度经营目标为依据，为使行动方案更加科学化、规范化，行动方案制订应符合 SMART 原则。

1）S 代表具体（Specific），是指行动方案要切中特定的工作指标，不能笼统。

①需要完成哪些具体任务、实现该目标后的预期效果。

②一般用数额进行衡量。

2）M 代表可度量（Measurable），是指行动方案是数量化或者行为化的，验证行动结果的数据或者信息是可以获得的。

①知道自己是否实现了目标、实现的程度。

②一般用数量、质量和影响来描述目标。

3）A 代表可实现（Attainable），是指行动目标在付出努力的情况下可以实现，避免设立过高或过低的目标。

①行动方案及目标切合实际并具有一定的挑战性，使管理者和员工双方都能够接受。

②一般用提高、增加、取得来描述目标。

4）R 代表相关性（Relevant），是指年度目标与工作的其他目标是相关联的。

①要与所从事的具体工作相关，能反映业绩期望。

②行动方案须与企业年度经营计划、目标相关联，并成为经营计划的一部分。

5）T 代表有时限（Time-bound），是指注重完成行动方案的特定期限。

①目标要有时限，要明确合理的时间约束。

②一般用目标实现的进度安排、质量控制和管理来描述。

二、召开项目业务会

在劳务派遣项目实施过程中，劳务派遣管理员需要经常召开会议以跟踪派遣员工的情况，了解用工单位的反馈意见，及时做好后续工作，同时通过项目业务会，让劳务派遣单位及用人单位就有异议的问题达成共识。因此，对于劳务派遣管理员而言，开好项目业务会，对劳务派遣工作的推进具有重要意义。

1. 会前准备

（1）确定参加项目业务会的人员、会议时间和会议地点。

（2）准备会议资料：针对项目可预见的问题，提前准备好PPT、问题清单等。

（3）做好会议前的沟通、了解工作：与用工单位的相关部门进行沟通，了解现场情况。

2. 会议实施

（1）总结目前劳务派遣项目的成绩。

（2）分析目前劳务派遣过程中存在的问题，劳务派遣管理员、劳务派遣单位、用工单位可根据问题进行讨论并提出相应的解决方案。

（3）会议中制订的解决方案及行动计划应落实到人，并明确完成时间。

（4）劳务派遣管理员应做好会议记录。

3. 会议注意事项

（1）不讨论与项目业务主题无关的内容，注意把握会议节奏。

（2）不在会议上讨论没有结果的话题。

（3）劳务派遣管理员应注意对会议进行控制，不要让单独一方的意见左右会议讨论方向。

三、编写项目报告

1. 项目报告内容

劳务派遣项目报告一般包含项目背景、项目计划、项目实施情况和项目经验总结等内容。

（1）项目背景。项目背景包含该项目合作客户的信息，如行业信息、规模信息、派遣员工需求信息等。在项目背景中还需要阐述劳务派遣服务的主要内容和客户希望达成的预期目标，以及劳务派遣项目对劳务派遣单位和用工单位的重要性。

（2）项目计划主要包括以下内容。

1）项目目标。项目目标包含成果目标、成本目标、质量目标和安全目标等。

2）项目结构。项目结构主要是指该劳务派遣项目的工作内容、各个关键节点任务等。

3）项目组织。项目组织是与该劳务派遣项目有关的各个组织，包括劳务派遣单位、用人单位、其他机构或组织。

4）职责描述。负责该项目的劳务派遣管理员、用工单位的劳务派遣负责人等人员的岗位职责及工作任务。

5）人员配置安排。对负责该劳务派遣的人员进行分工安排，以确保每一项工作都有专人对接。

6）风险应对。提前预估劳务派遣项目中可能会出现的风险，并制定风险应对预案。

7）成本计划。对该劳务派遣项目成本与费用进行估算，做好资金使用计划。

（3）项目实施情况。项目实施情况包括劳务派遣过程中存在的风险、产生的问题及解决办法、本次劳务派遣项目实现的经济效益和社会效益。

（4）项目经验总结。对劳务派遣项目实施过程中的成功做法、执行中产生的创新机制等进行剖析。从劳务派遣单位、用工单位、派遣员工3个方面剖析在项目实施中存在的主要问题，并根据问题提出相应的解决方案。

2. 项目报告编写建议

（1）及时整理项目资料。劳务派遣管理员日常要注意将与派遣项目有关的资料及时进行整理保存，包括员工日常培训、现场管控、成本费用支出等资料。

（2）遵循实事求是的原则。在编写项目报告时，劳务派遣管理员应该遵循实事求是的原则，既要全面总结派遣项目实施产生的成效，也要客观反映存在的问题、潜在的风险等，不遗漏、不夸大。

（3）项目数据真实准确。编写项目报告时，相关数据应做到真实准确，可以通过图表的形式展现数据，使派遣项目相关数据信息一目了然。

（4）项目报告科学规范。派遣项目报告不是流水账记录，劳务派遣管理员要将项目实施过程进行概括和总结，做到结构清晰、合理规范。

第二节　项目现场管理

一、现场管理风险的类型与风险防范措施

1. 现场管理风险的类型

（1）加班费风险。根据劳动合同法有关规定，用工单位应当支付派遣员工加班费、绩效奖金、提供与工作岗位相关的福利待遇，并应告知派遣员工工作要求和劳动报酬。因此，如不能按时、公平地发放加班费，派遣员工可以申请赔偿。

（2）用工管理风险。在对派遣员工进行管理的过程中，会产生以下风险。

1）派遣员工与其他企业职工之间较难建立比较顺畅的伙伴关系，同事之间的关系淡薄，会导致内部沟通不畅。

2）派遣员工不愿遵守企业的各项规章制度，不愿意主动承担合约之外的责任，无法为用工单位提供满意的服务。

3）派遣员工往往是裁员的首选对象，以致这些员工没有职业安全感，遇到问题时容易产生过激的情绪或行为，从而给企业造成不利影响。

（3）作业环节迟滞风险。由于劳务派遣特有的"三方"结构，往往会出现人员补充不及时、派遣员工不服从管理、社会保险手续增减迟延等问题，最终导致作业环节迟滞。因派遣员工隶属于劳务派遣单位，对用工单位缺乏归属感，在操作不当的情况下容易产生工作懈怠、纪律松弛、执行力差等问题。

（4）企业的商业秘密泄露风险。用工单位在用人期间，为开展工作，会将与岗位相关的商业秘密透露给派遣员工。而派遣员工与用工单位只是短期劳务合同关系，关系结束后，会在不同的企业间流动，有可能将商业秘密泄露给其他企业。

（5）派遣员工安全生产风险。派遣员工在进行生产操作时，如果未按照用工单位的安全生产操作要求执行，就容易发生意外伤害事故，对派遣员工生命安全造成威胁，也会造成用工单位的经济损失。

（6）派遣员工辞职、离退风险。由于劳务派遣用工的特殊性，对派遣员工的离职、辞退、退回，如果未按照相关法律法规要求执行，则容易产生纠纷，给劳务派遣单位和用工单位带来负面影响。

2. 风险防范措施

（1）遵守国家相关法律法规，维护派遣员工权利。劳动合同法相关条款对用工单位应履行的义务进行了规定，用工单位应当履行下列义务：执行国家劳动标准，提供相应的劳动条件和劳动保护；告知被派遣劳动者的工作要求和劳动报酬；支付加班费、绩效奖金，提供与工作岗位相关的福利待遇；对在岗被派遣劳动者进行工作岗位所必需的培训；连续用工的，实行正常的工资调整机制。用工单位不得将被派遣劳动者再派遣到其他用人单位。

同时，被派遣劳动者享有与用工单位的劳动者同工同酬的权利。用工单位应当按照同工同酬的原则，对被派遣劳动者与本单位同类岗位的劳动者实行相同的劳动报酬分配办法。用工单位无同类岗位劳动者的，参照其所在地相同或者相近岗位劳动者的劳动报酬确定。

因此，劳务派遣管理员在进行派遣员工管理时，应该遵循国家相关法律法规要求，督促用工单位履行义务，对派遣员工加班费、绩效奖金和与工作岗位相关的福利待遇项目依法进行支付，依法为派遣员工缴纳社会保险等。

（2）加强对派遣员工的培训工作。劳务派遣管理员在对派遣员工进行岗位培训时，要注意对其进行心理上的疏导，让他们了解劳务派遣与合同用工之间没有差异，以便减少派遣员工对自己身份的认知误区。

同时，加强对派遣员工进行用工单位规章制度方面的培训，加强派遣员工遵纪守法的意识，减少或避免因违反用工单位规章制度而带来的退工风险。当用工单位退回派遣员工时，劳务派遣管理员应与被退回员工进行充分沟通，了解派遣员工的心理状态，及时进行心理疏导，并根据实际情况，安排相应的技能提升培训或安排其他工作岗位。

加强对派遣员工的安全生产、技能操作和业务知识培训，不定期举行相关技能培训和技能竞赛，减少因操作失误带来的经济损失和人身伤害。

（3）做好派遣员工的离职、辞退和退回工作。

1）派遣员工的离职。派遣员工与一般员工一样具有同等的解除劳动合同的权利，用工单位不得限制派遣员工解除劳动合同的权利。劳务派遣单位作为派遣员工法律意义上的用人单位，应当及时了解派遣员工的工作情况，及时为派遣员工办理离职手续，以免造成不必要的麻烦。

离职是派遣员工和劳务派遣单位之间结束劳动关系，离开原劳务派遣单位的行为。离职是派遣员工流动的一种重要方式，派遣员工的流动对劳务派遣单位派遣业务的合理配置具有重要作用，但过高的离职率会影响劳务派遣单位的持续发展。

①了解派遣员工离职的原因。一般来说，派遣员工离职的主要原因有以下3个。

a.外部因素。主要包括经济环境、交通及人才市场竞争等因素。

b.组织内部因素。主要包括薪资福利不佳、不满上级领导风格、缺乏升迁发展机会、工作负荷过重、不受重视、无法发挥才能等。

c.个人因素。主要包括家庭因素、人格特质、职业偏好以及个人成就动机等因素。

②配合人力资源部为派遣员工办理离职手续。

a.辞职申请。派遣员工提出离职的，试用期员工应在离职前提前3日填写"员工离职申请表"，向其直接上级主管提出离职申请；正式员工应在离职前提前30日填写"员工离职申请表"，向其直接上级主管提出离职申请。

需要注意的是，劳务派遣单位应当将派遣员工解除劳动合同的情况及时告知用工单位。

b.离职交接。派遣员工辞职申请获准后，应在约定的离职时间办理离职交接手续。劳务派遣管理员应对离职交接的事项进行跟踪，以确保离职交接工作得到妥善办理。

c.薪资结算。只有当交接事项全部完成后，劳务派遣单位方可对离职员工的薪资进行结算。离职员工的工作信息，如出勤天数、工作表现等，需确认后反馈至劳务派遣单位人力资源部。

2）派遣员工的辞退。对于派遣员工的辞退，劳务派遣单位需要按照法律规定处理，只有在法律允许的情况下，劳务派遣单位才可以辞退派遣员工。

①明确辞退的条件。劳动合同法和《劳务派遣暂行规定》均对劳务派遣单位可以与派遣员工解除劳动合同的条件作了具体规定，见表5-2。

◆ 表5-2　劳务派遣单位解除劳动合同的相关法律法规

相关法律法规	条款	具体内容
劳动合同法	第三十九条	劳动者有下列情形之一的，用人单位可以解除劳动合同 （一）在试用期间被证明不符合录用条件的 （二）严重违反用人单位规章制度的 （三）严重失职，营私舞弊，给用人单位造成重大损害的 （四）劳动者同时与其他用人单位建立劳动关系，对完成本单位的工作任务造成严重影响，或者经用人单位提出，拒不改正的 （五）以欺诈、胁迫的手段或者乘人之危，使对方在违背真实意思的情况下订立或者变更劳动合同致使劳动合同无效的 （六）被依法追究刑事责任的
	第四十条	有下列情形之一的，用人单位提前30日以书面形式通知劳动者本人或者额外支付劳动者一个月工资后，可以解除劳动合同 （一）劳动者患病或者非因工负伤，在规定的医疗期满后不能从事原工作，也不能从事由用人单位另行安排的其他工作的 （二）劳动者不能胜任工作，经过培训或者调整工作岗位，仍不能胜任工作的
	第六十五条 第二款	被派遣劳动者有本法第三十九条和第四十条第一项、第二项规定情形的，用工单位可以将劳动者退回劳务派遣单位，劳务派遣单位依照本法有关规定，可以与劳动者解除劳动合同
《劳务派遣暂行规定》	第十五条	（一）被派遣劳动者因本规定第十二条规定被用工单位退回，劳务派遣单位重新派遣时维持或者提高劳动合同约定条件，被派遣劳动者不同意的，劳务派遣单位可以解除劳动合同 （二）被派遣劳动者因本规定第十二条规定被用工单位退回，劳务派遣单位重新派遣时降低劳动合同约定条件，被派遣劳动者不同意的，劳务派遣单位不得解除劳动合同。但被派遣劳动者提出解除劳动合同的除外

②关于赔偿金。用人单位违反劳动合同法规定解除或者终止劳动合同，劳动者要求继续履行劳动合同的，用人单位应当继续履行；劳动者不要求继续履行劳动合同或者劳动合同已经不能继续履行的，用人单位应当依照劳动合同法有关规定支付赔偿金。

经济补偿按劳动者在本单位工作的年限，每满1年支付1个月工资的标准向劳动者支付。6个月以上不满1年的，按1年计算；不满6个月的，向劳动者支付半个月工资的经济补偿。

劳动者月工资高于用人单位所在直辖市、设区的市级人民政府公布的本地区上年度职工月平均工资3倍的，向其支付经济补偿的标准按职工月平均工资3倍的数额支付，向其支付经济补偿的年限最高不超过12年。

③协助健全劳务派遣单位内部的规章制度。辞退派遣员工，须具备有效的依据。如严重违反规章制度，劳务派遣管理员应对本公司的规章制度是否健全、规范，生效程序是否合规、内容界定是否清晰等进行检查，若有不完善之处，应及时会同人力资源部对内容进行完善。

④协助办理辞退手续。派遣员工劳动合同的解除或终止，应根据《中华人民共和国劳动法》、劳动合同法等有关规定执行。

3）派遣员工的退回。若派遣员工存在严重违反用工单位规章制度且造成损失的情况，用工单位可将其退回至劳务派遣单位。

①条件审核。接到用工单位派遣员工的退回通知，劳务派遣管理员应对其是否符合退工的条件、是否属于不得退工的情形做出判断。

《劳务派遣暂行规定》第十三条规定：被派遣劳动者存在劳动合同法第四十二条规定情形的，在派遣期限届满前，用工单位不得依据本规定第十二条第一款第一项规定将被派遣劳动者退回劳务派遣单位；派遣期限届满的，应当延续至相应情形消失时方可退回。

需要注意的是，用工单位将派遣员工退回至派遣公司后，派遣公司能否解除与派遣员工的劳动合同，还需要根据具体情况进行分析。

②协助办理退回手续。劳务派遣单位接收用工单位退回的派遣员工，需遵循一定的流程与工作规范。用工退回受理服务流程示例如图5-2所示。

二、优化项目现场操作流程

劳务派遣项目现场操作流程主要有招聘流程、入职流程、培训流程、社保办理流程、薪资发放流程、员工奖惩流程、员工辞职辞退和退回流程等。项目现场操作流程优化是一项策略，应通过不断发展、完善、优化操作流程，提高现场操作工作质量和工作效率，从而保持劳务派遣项目的运营优势和竞争优势。

1. 流程优化原则

（1）优化改造那些不能给派遣项目带来利润的流程，或者效率、效益不高的流程，或者在运营当中容易出现问题的流程。

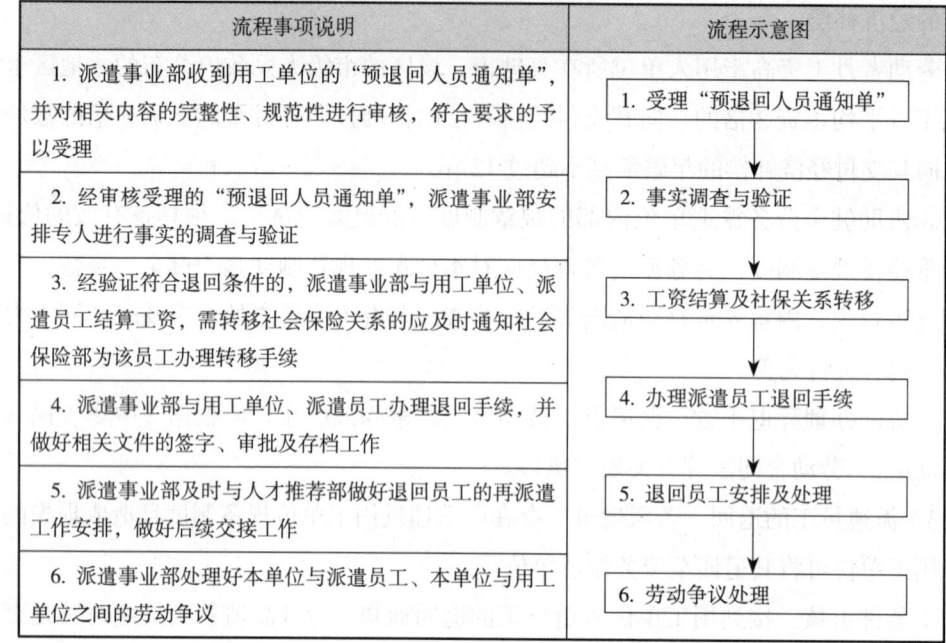

图 5-2　用工退回受理服务流程示例

（2）优化改造那些对派遣项目运营非常重要且亟须改造的流程。

（3）优化改造流程必须先易后难。

（4）经过优化改造的流程必须能够和没有经过改造的原有流程紧密衔接，以确保派遣项目流程管理的系统性和全面性。

（5）经过优化改造的流程必须要有实际可操作性和稳定性。

2. 流程优化内容

（1）优化时间。劳务派遣管理员应根据劳务派遣单位和用工单位的经营环境、组织、政策等相应的变化，于合适的时机进行项目现场操作流程优化，以使优化后的流程最大限度地提升劳务派遣运营效率。

（2）职责清晰。明确劳务派遣过程中每一个活动节点的管理者、监督者、执行者以及各级责任人的具体职责。

（3）部门配合。对需要其他部门或人员配合的业务，应进一步明确业务要求、完成时间等信息，以促进部门间沟通协作顺畅，并在相关运营部门间形成共识。

（4）绩效提升。在流程中应体现劳务派遣项目与绩效考核的关联性，从而增加业务流程执行的动力。

（5）政策变化。根据企业政策调整优化业务流程，以确保相关政策与战略能在业务层面得以有效地执行和实现。

（6）加强沟通。劳务派遣管理员要加强与派遣员工、用工单位之间的沟通，确保及时了解派遣员工的问题和用工单位的业务需求，为流程优化方向提供依据。

3. 流程优化方法

（1）现场操作流程现状调研。劳务派遣管理员可以联合用工单位人力资源部成立流程优化小组，对劳务派遣项目现场操作流程现状进行调研和分析，并编制形成现场操作流程的调研报告。

（2）现场操作流程管理诊断。流程优化小组与劳务派遣单位和用工单位对调研报告内容进行商讨修正，针对现场操作流程的改造需求进行深入分析和研究，并提出各类问题的解决方案，最终编制成劳务派遣项目现场操作流程诊断报告。

（3）现场操作流程优化执行。流程优化小组与用工单位管理层对流程诊断报告的内容进行修正，并将解决方案进行细化，以全面开展现场操作流程优化工作。

三、解答派遣员工问题

1. 解答问题的方法

在解答派遣员工提出的问题或者处理其抱怨时，劳务派遣管理员应注意以下4点。

（1）接纳对方提出的问题或者抱怨，深入内心去感受，并表达自己的理解之情。

（2）引导派遣员工讨论自身的感受，将自己的想法传递给派遣员工，影响对方并取得其信任。

（3）劳务派遣管理员应学会换位思考，切忌将自己的感受强加给派遣员工。

（4）不轻易对派遣员工做出承诺，不向派遣员工提出自己无法提供的帮助；对于能提供的帮助，一旦承诺，就应尽力做到。

2. 派遣员工常见问题及解答技巧

（1）工作压力大，需要加班，不允许请假。首先表达对派遣员工工作压力的理解，并对员工加班情况进行了解。分清是因工作需要加班还是因工作效率低导致的加班，并提出相应的解决建议。对于派遣员工的请假问题，告之正常的请假流程，帮助其解决问题。

（2）调薪太慢，之前承诺的涨薪要求没有落实。首先让派遣员工了解用工单位调薪的流程及相关要求，做好解释工作，告诉员工处理方式，稳定其情绪，同时应进一步跟进涨薪承诺的落实情况。

（3）业余时间活动太少，不知道怎么打发时间。肯定派遣员工追求美好生活的愿望，并提供一些相应的活动建议让其进行选择。

（4）觉得用工单位对派遣员工的关心不到位。劳务派遣管理员应了解派遣员工产生这种想法的原因，并根据实际情况做好解释工作，同时对员工提出的问题提供相应的解决措施，鼓励其积极参与用工单位举办的各种活动，加深对用工单位的了解，减少距离感。

（5）感觉个人晋升空间很小，没有什么发展前途。根据工作岗位要求，帮助派遣员工对自身职业发展进行规划，鼓励他们向技术或者管理方面发展，告诉派遣员工管理和技术两个方向的发展前景，鼓励其进行尝试。

第三节　派遣员工服务管理

一、设计工资结构和福利

1. 工资结构设计原则

派遣员工工资结构设计主要基于以下几个原则，既要体现"同工同酬""按劳分配"的基本原则，又要能够充分调动派遣员工的工作积极性。

（1）公平性原则。在设计派遣员工资结构的过程中，公平是最基本的设计依据。既要保证员工的付出与回报一致，也要确保分配过程中的客观性、公平性和公开透明，这些都是设计工资结构应注意的关键因素。

（2）竞争性原则。工资结构的设计是为了留住和激励优秀员工，由于派遣员工相对于劳动合同用工来说，具有不稳定性和灵活性。因此，为了吸引和留住劳务派遣中的优秀员工，企业工资结构设计要在市场环境中具有竞争力，这也是制定工资结构需重点关注的因素。

（3）经济性原则。人工成本作为企业成本开支中的主要部分，是企业重点关注的内容。为了有效控制人工成本，劳务派遣单位在设计派遣员工工资结构时首先需考虑成本控制，以免因工资过高导致人工成本过高，造成企业利润损失。

2. 工资结构的内容

工资结构一般由6部分组成，分别是基础工资、岗位工资、技能工资、效益工资、工龄工资、津贴和补贴。

（1）基础工资即保障员工基本生活需要的工资，设置目的是保证劳动力的简单再生产。企业主要采取按绝对额和系数两种办法确定和发放工资。

1）绝对额办法考虑的是员工基本生活费用占工资总水平的比重。

2）系数办法考虑的是员工现行工资关系及其占工资总水平的比重。

（2）岗位工资是根据岗位职责、岗位劳动强度、劳动环境等因素确定的报酬。

（3）技能工资是根据员工本身的技术等级或职称高低确定的报酬。

（4）效益工资是企业根据自身的经济效益和员工实际完成劳动的数量和质量支付给员工的浮动工资，具有激励员工努力实干、多做贡献的作用。

（5）工龄工资是指根据员工参加工作的年限，按照一定标准支付给员工的工资，是用来体现员工逐年积累的劳动贡献的工资形式。工龄工资既能鼓励员工长期在本企业工作、为本企业做贡献，又可以适当调节新老员工的工资关系。

（6）津贴和补贴。津贴是为补偿员工特殊或额外的劳动消耗及因特殊原因支付的劳动报酬。补贴主要是为保证不因物价上涨而导致员工名义工资降低设立的。

3. 工资结构的设计方法

（1）确定派遣员工最高和最低工资额度。劳务派遣管理员应根据市场调查结果，确定派遣员工最高和最低工资额度。一般来说，在劳务派遣单位和用工单位经济条件允许的情况下，所确定的工资水平在本地区同行业中处于中上等水平时，企业才具有竞争力。

（2）确定工资的级数和级差。在确定了工资的最高和最低额度后，接着要确定工资的级数和级差。根据岗位价值评估结果或技术评定、能力测评结果将众多类型的工资归并组合成若干个职级，其等级的数目就是级数。员工工资额度上一个职级和下一个职级的差数，称为级差。级数的多少应根据企业规模和工作性质而定，其多寡并没有绝对的标准。但若级数过少，派遣员工就会感到难以晋升，从而缺少激励效果；相反，若级数过多，则会增加管理的难度和费用。一般情况下，大中型企业内部的员工级数应该在15~25为宜。级差通常采用百分比而不用数字的绝对值来计算，一般情况下级差应在8%~15%比较合适。

（3）确定工资等级标准。工资等级标准是指单位时间（时/日/周/月）的工资金额，它是计算和支付劳动者标准工资的基础。

确定工资等级标准除遵守国家有关政策要求外，一般应考虑经济能力、该等级新手的水平、居民生活费用状况等因素。

（4）确定工资与岗位的对应关系。企业应选择适合的方法，对岗位本身的价值做出客观评价，然后根据评价的结果，给予承担该岗位工作的派遣员工与岗位价值相符的工资。

4. 工资结构的设计建议

（1）符合国家法律法规要求。派遣员工工资结构设计不得违反国家法律法规，派遣员工享有与用工单位劳动者同工同酬的权利，派遣员工工资不得低于当地最低工资标准。

（2）工资结构设计应公平客观。工资结构是否公平关系到派遣员工的工作积极性和工作效率，也会影响企业的经济效益，因此在设计工资结构时应做到公平客观，这样才能有效激发员工的工作热情。

（3）设计工资结构时要充分考虑以下3个因素的影响。

1）战略发展阶段因素。在进行工资结构设计时，劳务派遣单位应充分考虑企业的战略发展因素，工资结构设计需结合自身发展阶段，不同阶段对工资结构的要求是不同的。

2）市场因素。劳务派遣单位进行工资结构设计时，要充分考虑市场工资水平、劳动力供应情况、竞争对手工资水平、所在行业竞争态势等市场因素的影响。设计工资结构前，需要对市场因素进行充分调查。

3）岗位因素。在设计工资结构时，应对各岗位的技术要求、风险水平、职业伤害等因素进行评估，在充分考虑岗位因素的基础上，对派遣员工工资进行合理设置，激励劳动者努力提高工作水平和生产效率。

5. 福利设计

福利是薪酬体系的一个重要组成部分，是工资和奖金等薪酬之外的一个重要补充。福利对提升团队凝聚力、传递企业文化、加强核心员工的留任意愿等起着重要的作用。

（1）派遣员工福利的类型。派遣员工福利一般分为强制性福利和非强制性福利两大类别。

强制性福利是指根据国家相关法律法规的要求，企业必须向派遣员工提供的福利，如社会保险等。

非强制性福利是企业根据自身实际情况而设置的一些福利项目，包括经济性福利、设施性福利、工时性福利、文娱及其他辅助性福利，如补充商业保险、免费午餐、通勤班车、员工文娱活动、休闲旅游等。

（2）福利设计的指导原则。

1）合理性和必要性原则。在福利设计中应坚持将福利费用限制在劳务派遣单位可承受范围内，坚持以最小费用达到最大效果，实现其经济性。

2）统筹规划原则。综合考虑与员工福利相关的各种内外部环境，建立长远发展的观点，有计划、有组织地规划福利。

3）公平性原则。福利的制定应体现公平精神，只要是符合条件的派遣员工，都可以享受相关福利项目。

（3）福利设计的方法。

1）了解国家相关的法律法规。国家相关法律法规规定的福利项目是企业必须提供的，如《中华人民共和国社会保险法》规定的应缴纳社会保险费，是劳务派遣单位必须承担的福利成本。另外，国家相关法律法规对于企业如何建立某些特定的福利项目作出了部分规定，劳务派遣管理员应根据其规定进行灵活设计。

2）与派遣员工进行有效沟通，开展福利调查。与派遣员工进行有效沟通、开展福利调查是建立高效福利制度的必经阶段。只有与派遣员工进行有效沟通，才能理解员工的需求和偏好，体现设计福利项目的价值。另外，福利也有外部竞争性的问题，劳务派遣管理员需要通过市场调查来了解其他企业的福利种类和福利水平等，从而设计出有竞争性的福利制度。

3）设计与组织战略目标、组织文化、员工类型等相匹配的福利模式。不同的企业战略目标和文化需要不同人力资源策略的支持，员工不同的职位、年龄等对福利类型有着不同的诉求。应针对企业战略目标和文化需求对本企业的福利功能（如保障性福利、激励性福利等）进行定位，按照功能定位设计出符合本企业情况的福利制度。

4）将福利计划纳入企业整体薪酬计划中。福利是全面薪酬的一个重要组成部分，直接薪酬对派遣员工的生活水平起着决定性作用，而福利则对员工生活起着保障和提高的作用，这就需要劳务派遣管理员注意福利和薪酬之间的平衡。另外，如果直接薪酬和福利互不相干地独自增长，就会导致企业薪酬成本上升，所以要保证直接薪酬和福利的合理比重，达到既能增强企业吸引力，又能提高资金使用率的目的。

5）明确福利项目所需资金的数量及其来源。福利预算的制定和控制是福利管理工作的重要部分，设计福利项目时，必须对企业财务状况进行分析，将福利成本控制在合理的范围内，明确福利项目所需资金的数量及其来源。

二、培训需求调查

1. 培训需求调查的内容

培训需求调查就是通过一系列方法了解员工对培训工作的看法、实际需求、建议和期望，并以此作为制订培训计划的重要参考和依据。为全面把握派遣员工培训需求的各个要素，培训需求调查可以从用工单位、岗位、派遣员工3个方面进行。

（1）用工单位分析。当劳务派遣单位与用工单位确立合作时，需要对拟派遣员工进行一定程度的培训。在进行培训之前了解用工单位的需求尤为重要。

培训需求根据分类的角度不同，可以分为不同的种类。员工培训需求的类型划分及种类如图5-3所示。

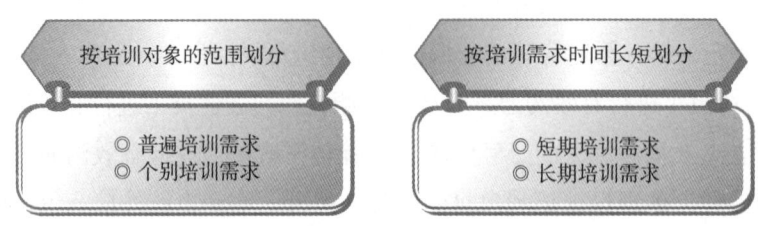

图5-3　培训需求的类型划分及种类

为了便于详细了解，下面分别对普遍培训需求、个别培训需求、短期培训需求、长期培训需求做相关介绍。

1）普遍培训需求。普遍培训需求是指全体派遣员工或较多数量的派遣员工共同的培训需求，一般包括增强用工单位认同感的培训需求、提升职业素养和通用工作技能等的培训需求。普遍培训需求的内容如图5-4所示。

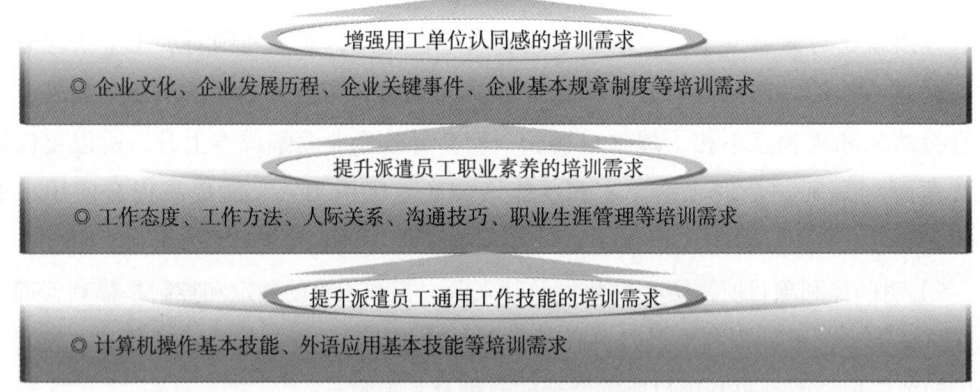

图5-4　普遍培训需求的内容

2）个别培训需求。个别培训需求是由于派遣员工所属部门不同、层级不同、岗位不同、经历及背景不同而产生的，是少数派遣员工或个别派遣员工的培训需求。各类专业技能培训、特殊岗位技能培训等均属于个别培训需求。个别培训需求的内容见表5-3。

● 表 5-3 个别培训需求的内容

个别培训需求分类	具体内容
不同类型派遣员工的培训需求	新入职派遣员工、新调岗的非管理岗位派遣员工等的培训需求
不同部门派遣员工的培训需求	人力资源部门、行政部门、财务部门、生产部门、质量管理部门、工程管理部门、采购部门、营销部门等的培训需求。工作职责不同,派遣员工的培训需求自然会有区别
不同工作团队派遣员工的培训需求	临时性项目工作团队、部门内部不同工作内容的团队等的培训需求

3)短期培训需求。短期培训需求是用工单位在经营期间的培训需求,一般是指在未来 1 年内的培训需求,包括年度培训需求、季度培训需求、月度培训需求等。

短期培训需求的内容主要包括突发情况的解决、关键事件的处理、引进技术的普及、阶段工作需要、政策法规的学习等,侧重于对具体问题的解决和具体事项的处理,适用于由不满意到满意、由不合格到合格、由不胜任到胜任这一范畴的培训。

4)长期培训需求。长期培训需求是指用工单位在未来 2 年到 5 年这个时间内的培训需求。与短期培训需求不同,长期培训需求更注重于企业未来发展的要求。

(2)岗位分析。岗位分析的目的在于了解岗位的工作内容和完成工作所需具备的职业技能和专业知识,是派遣员工培训需求分析科学性和规范性的重要依据。任何岗位的工作内容都有多方面的要求,应根据岗位工作要求,对所需工作技能和知识进行区分,了解哪些是核心知识和技能,哪些是辅助性知识和技能,从而确定员工培训的优先顺序。岗位分析一般分为岗位说明、工作清单、内容分析。

(3)派遣员工分析。派遣员工分析是将派遣员工的工作结果、工作能力与期望目标进行比较,以确定哪些人员需要接受哪些培训。分析的信息来源主要有学员自我评价和三方评价。

对派遣员工的培训需求调查分析主要侧重以下 4 个方面的内容。

1)基本情况。包括参加培训的派遣员工所属的部门、现任职务、参加工作的时间、年龄、所受教育和接受过的培训等。

2)动机和态度。了解派遣员工参加培训的真正动机及对培训的态度,是工作岗位的需要,还是个人职业生涯发展规划的需要;是主动参加,还是被迫参加。

3)学习经验和态度。调查派遣员工过去的学习方法、印象深刻的培训方式以及对不同培训方法的评价。

4)期望提升的技能。收集派遣员工希望提升的技能和知识,在实际培训中将派遣员工的培训需求与用工单位的培训需求相结合。

2. 培训需求调查的方法

常用的培训需求调查方法有以下 6 种，使用说明见表 5-4。

◆ 表5-4 培训需求调查方法使用说明表

序号	方法	使用说明
1	访谈法	通过走访各部门、各岗位，了解业务情况和派遣员工个人需要的信息收集方法
2	观察法	通过人工或仪器实地观察工作表现，以便了解派遣员工工作表现与期望标准之间的差距，进而确定培训需求信息的方法
3	问卷调查法	通过发放事先设计好的问卷来收集培训需求信息的方法
4	重大事件分析法	通过分析本年度关键绩效领域发生的重大事件，及时找到经营管理中存在的问题，客观分析原因，并有针对性地安排培训内容的方法
5	绩效分析法	通过分析绩效以及绩效现状的原因、责任部门及主要责任人等，有针对性地组织改善绩效的各项培训的方法
6	战略分析法	通过分析公司的经营发展战略，预测公司实现经营发展的目标需要派遣员工具备或提升哪些方面的知识和技能，从而有针对性地安排培训内容的方法

3. 培训需求调查的原则

劳务派遣管理员在进行培训需求调查时应遵循一定的原则，这些原则具体表现在以下方面。

（1）调查目的要明确。要事先向被调查的派遣员工明确组织此次培训需求调查的目的是什么，及时消除其心理顾虑，从而获得更准确的培训需求信息。

（2）调查内容要相关。劳务派遣管理员无论采取什么样的调查方式，其内容都要紧密结合培训需求调查的目的，否则可能会引起不必要的误会，造成调查时间的浪费，并遭到派遣员工的抵制。

（3）调查对象要统一。劳务派遣管理员应事先明确培训需求对象属于哪一类人群，所需要的分析资料应该从哪里得到，进而确定培训需求调查对象，确定调查的人员类别范围，以确保信息来源的准确性、反映内容的统一性，提高信息收集的有效性。

（4）恰当选择调查方式。不同内容的资料获取渠道不同，所采取的调查方法也不一样，因此，培训调查所采取的方式也应该因内容而异，确保方便操作、便于执行，且能够全面、准确地得到所需信息。

（5）调查时间要有效。为确保培训需求调查到的信息与培训计划的制订有一定的相关性，培训需求调查的时间也应该选择得合适，不宜选择与培训计划制订较远或较近的时间。调查时间距离培训计划编制太远容易造成信息无效或准确性差，太近则容易造成工作草率、调查内容不够彻底、了解信息不够全面等问题。

三、开展岗前培训和上岗后技能培训

1. 岗前培训的内容

不同的企业，因其所在的行业、生产经营特点、企业文化、新员工的素质等存在差异，因此岗前培训的内容也不尽相同。总体来说，岗前培训应包含以下基本内容，见表5-5。

● 表5-5 岗前培训的基本内容

岗前培训基本内容		内容说明
常规内容	规章制度	企业的制度、规定等
	企业概况	企业的经营历史、经营方针、规模和发展前景、组织结构等
	产品知识	企业主营产品的类别、特点、销量、客户群等
	行为规范	员工的行为举止规范
	共同价值观	企业的价值观及经营理念
	仪容、仪表和着装要求	企业对员工仪容、仪表和着装的要求
专业内容	业务知识	从事某项业务所需要的知识
	专业技能	从事某项工作应具备的专业技能，如设备安全操作技能等
	管理实务	某项管理工作的程序、方法、标准等
	服务用语	开展日常服务工作的标准用语

（1）岗前培训的准备程序主要包括以下内容。

1）制订岗前培训计划。开展岗前培训前，劳务派遣管理员和用工单位人力资源部应制订完整的培训计划。培训计划应包括培训的对象、目的、内容，培训时间，培训地点，培训讲师，培训的具体安排等。

2）岗前培训准备。岗前培训准备主要包括培训资料准备和培训会务准备两项内容。

①岗前培训资料准备包括准备岗前培训计划、岗前培训通知、受训员工基本情况表、受训员工岗前培训安排表、按培训内容编写的培训资料或提纲、员工手册等。

②岗前培训会务准备是指在培训实施前应做好会务准备工作，以确保培训的顺利进行。其主要准备工作有：座位的排定、设备的准备、检查与调试、资料、学习用品的准备，拟定后勤服务与保障方案及应急预案等。

（2）实施岗前培训。实施岗前培训，即根据培训计划组织安排实施培训，具体实施过程分为以下4个步骤。

1）由高层管理人员致辞，介绍企业的理念和愿景、历史传统及现状概要、制度与规范、组织结构、在同行中的地位、经营思路、发展趋势与目标、优势和面临的问题，以及对员工的要求等。

2）人力资源部进行一般性介绍，包括组织概况、管理规定、就职规则、薪酬制度、考勤制度、员工福利、入职手续办理等。

3）新员工的直属上级进行特定性的指导，包括企业经营活动、经营网络、生产构成、部门功能、工作职责、工作地点、安全规定、绩效检查标准。

4）新员工提问，相关人员负责回答或提供指导，使新员工进一步了解企业和工作的各种信息。

（3）培训结束后，劳务派遣管理员和用工单位人力资源部应及时组织岗前培训考核工作，以便了解新员工的相关情况。考核形式可采取笔试、机试、撰写培训收获报告等，考核合格后方可安排其上岗。

（4）颁发上岗证或上岗通知书。上岗通知书是员工取得上岗资格的证明。新员工参加岗前培训并进行考核，考核通过方可向其颁发上岗证或上岗通知书。

2. 上岗后技能培训

技能培训是使派遣员工获得或提高职业技能，提升企业劳动效益，实现企业又好又快发展的重要渠道之一。

（1）技能培训的内容包括对派遣员工的理论知识和操作技能的培训，如岗位操作规范、岗位操作技能培训等。

（2）培训方式。技能培训方式有面授专题培训、在岗指导培训和进修3种。

1）面授专题培训，由劳务派遣管理员制订专题技能培训计划并组织实施，采取培训班和学习班的形式组织派遣员工参加专题培训。

2）在岗指导培训，由劳务派遣管理员协助各部门负责人，在工作岗位上，采用传、帮、带的方式，对派遣员工实施培训，帮助派遣员工掌握所在岗位的岗位技能，劳务派遣管理员负责跟踪在岗培训效果。

3）进修，可以安排派遣员工参加高等院校、科研机构举办的脱产或在职研修，为企业培养技术型人才。

3. 开展岗前培训和上岗后技能培训的技巧

（1）营造良好的培训氛围。在进行常规内容的培训时，良好的培训氛围可以让参加培训的派遣员工消除紧张与厌倦的心理，通过氛围感染参训的员工，使其更快地投入到培训中，可以通过音乐或者热场小游戏带动参训员工的积极性和热情。

（2）采用多种培训方式。劳务派遣管理员可根据岗前培训计划和上岗后技能培训计划，结合培训的实际内容，采用不同的培训方法。不同种类的培训方法介绍见表5-6。

● 表5-6 培训方法介绍

培训方法	主要内容	特点
讲授法	培训讲师按照准备好的讲稿系统地向参训员工传授知识	传授内容多，知识系统全面，平均培训费用较低。适用于知识类培训
研讨法	培训讲师指导，参训员工围绕一个或几个主题进行讨论，相互启发	有利于培养参训员工的综合能力，加深参训员工对知识的理解，形式多样，适应性强，可针对不同的培训目的选择适当方法
工作指导法	由一名有经验的工人或直接主管人员在工作岗位上对参训员工进行培训	应用广泛，不仅适用于基层生产工人的培训，还适用于对管理人员的培训
工作轮换法	让参训员工在预定时期内变换工作岗位，使其获得不同岗位的工作经验	丰富参训员工工作经验，改善部门合作。适用于"多面手"员工或经营管理人员的培训
"师带徒"法	通过资历较深员工的指导，使参训员工迅速掌握岗位技能	使参训员工尽快融入团队，有利于企业优良工作作风的传递，参训员工可从指导人处获取丰富的经验。适用于技能类培训
模拟训练法	以工作中的实际情况为基础，将实际工作中可利用的资源、约束条件和工作过程模型化	参训员工参与到情境中，学习从事特定工作的技能，提高其处理问题的能力。适用于对操作技能要求较高的员工培训
角色扮演法	在一个模拟真实的工作环境中，让参训员工按其在实际工作中应有的权责担当角色，模拟处理工作事务	使参训员工的行为符合其职业、岗位的行为要求，提高参训员工的行为能力。适用于对中层管理人员、基层管理人员、一般员工的培训
拓展训练	模拟野外活动进行的情景式心理训练、人格训练、管理训练	有利于参训员工加深对工作的理解，增强其积极性和创造性。适用于团队类培训

（3）善用游戏和道具。将游戏或道具融入培训中，可以调节气氛，寓教于乐，同时能有效避免参训员工因疲劳而产生对培训的抵触心理，进而提升培训效果。使用音

乐对培训内容进行有效烘托，能提高参训员工对培训知识的记忆程度。

四、派遣员工关怀

派遣员工关怀是指在派遣员工新入职、节日或派遣员工遭受重大困难时，企业对其给予物质帮助或精神关怀，其目的是增进派遣员工对企业的认同感与归属感。

1. 新员工关怀

（1）新派遣员工入职，应由其上级主管及以上人员为其介绍企业主要情况及新员工在工作中接触到的同事的情况。

（2）新员工到岗的1周内，上级主管应做访谈，以了解新员工进入企业后的工作与生活情况。

（3）新员工（上岗1个月内）出现工作过失，应以帮助教育为基本处理方式。但是，对于屡教不改或已造成重大事故应予辞退的，应按辞退程序办理。

2. 重要节日或派遣员工生日关怀

（1）每逢重要节日，如端午、中秋、春节等，劳务派遣管理员和企业可以根据实际情况，给予派遣员工适当的慰问与祝福。

（2）每月或每季度可以定期为本月或本季度过生日的派遣员工举行生日会，发放祝福卡片和生日礼物。

3. 派遣员工生病关怀和劳动保护

（1）对于生病的派遣员工，上级主管应通过短信问候并在其归岗后表示慰问；对于生病住院或工伤的派遣员工，劳务派遣管理员和人力资源部主管应一起看望慰问；生病住院且病情比较严重的，由劳务派遣管理员和劳务派遣单位、用工单位双方代表进行探望慰问。

（2）可以购买一部分常用药品，供派遣员工免费使用。

（3）每次组织员工活动前都应调阅员工信息资料，以便对有宗教信仰和特殊生活习惯的派遣员工做出妥善安排。

4. 派遣员工个人遭遇重大困难的关怀

在派遣员工个人遭遇重大困难时，劳务派遣管理员应代表企业送达慰问与关怀，同时根据企业情况，给予不同程度的物质帮助。

5. 制订派遣员工关怀活动方案

劳务派遣管理员可以制订派遣员工关怀活动方案，策划组织派遣员工关怀活动。

第四节 客户服务管理

一、客户诉求分析方法与处理

1. 客户诉求信息收集

（1）派遣员工间接收集。派遣员工因在用工单位工作，能够确切了解用工单位对于派遣员工的要求。派遣员工的信息收集和反馈可以帮助劳务派遣管理员快速定位问题，也可以通过与派遣员工的沟通，找到解决思路。

（2）面对面收集。面对面与用工单位的劳务派遣负责人进行沟通，是收集客户诉求信息最快速、最直接的方法。但在面对面进行诉求收集时，应注意询问的方式，以免引起客户反感。

（3）网络平台收集。劳务派遣单位可以建立客户诉求信息收集系统或电子邮箱，在对客户诉求信息进行收集的同时，也传递出劳务派遣单位进一步跟踪了解客户诉求的意愿。

（4）研讨会收集。通过会议讲座进行交流，听取客户对于劳务派遣服务的意见和建议，邀请对象为用人单位的人力资源部主管、分管副总以及第三方行业相关机构。

2. 客户诉求分析方法

诉求分析是客户服务工作改进的出发点，如果诉求分析不准确，盲目进行工作改进会浪费劳务派遣单位的人力和物力且达不到应有的效果。要实现有效的诉求分析，必须采取合适的诉求分析方法。常用的分析方法主要包括面谈法、观察法、问卷调查法、小组讨论法、工作任务分析法、关键事件分析法、目标差距分析法等。诉求分析方法各有优劣，劳务派遣单位应根据实际情况选择合适的方法，在条件允许的情况下最好综合使用各种分析方法。

（1）面谈法。劳务派遣管理员与用工单位人员进行面对面的交谈，从用工单位人员的表述中发现问题，进而判断其诉求。

1）优势：了解信息直接，方式灵活，易得到支持与配合。

2）劣势：主观性强，面谈样本量较小，对面谈者要求较高。

（2）观察法。劳务派遣管理员通过较长时间的反复观察，或通过多种角度、多个层面或在具有典型意义的具体时间进行细致观察，进而得出结论。

1）优势：可以得到有关工作环境的信息；获取的资料反映实际需求，偏差较小。

2）劣势：可能会影响观察对象的行为，观察结果只是表面现象。

（3）问卷调查法。劳务派遣单位以标准化问卷的形式列出一组问题，要求用工单位对问题进行打分或者做出是非选择，然后对问题进行分析。

1）优势：费用较低，可大规模开展。信息比较齐全。

2）劣势：持续时间较长。某些开放性问题不易得到回答。

（4）小组讨论法。劳务派遣管理员从用工单位中选出一部分有代表性且熟悉情况的员工作为代表，通过讨论的形式调查诉求信息。

1）优势：全面分析，充分发挥头脑风暴的作用，当场汇总不同的意见，资料易于归纳总结。

2）劣势：持续时间长，对协调员和组织者要求较高，个别问题难以量化分析。

（5）工作任务分析法。劳务派遣管理员将具体的工作作为分析对象，分析派遣员工所要完成的任务及成功地完成这些任务所需要的知识、技能和能力，进而确定用工单位对派遣员工的诉求。

1）优势：通过岗位资料分析和员工现状对比得出员工的素质差距，结论可信度较高。

2）劣势：需要进行资料的详细分析，花费的时间和费用较多。

（6）关键事件分析法。劳务派遣管理员通过分析用工单位内外部对员工或者用工单位产生较大影响的事件，以及其暴露出来的问题来确定诉求。

1）优势：易于分析和总结。

2）劣势：事件具有偶然性，易以偏概全。

（7）目标差距分析法。劳务派遣管理员在分析企业及其成员现状与理想状况之间差距的基础上，确认和分析造成差距的原因和条件，最终确定客户诉求。

1）优势：能及时找到解决问题的方法，制定出的措施具有针对性。简单明了，易于实施。

2）劣势：易失去方向，对于整体的轻重缓急不易把握，有可能造成发展偏差。

3. 客户诉求处理流程

客户诉求处理流程主要分为判断客户诉求信息、提出可行性解决办法、跟踪服务3步。

（1）判断客户诉求信息。劳务派遣管理员在收到客户诉求意见后，首先需要了解诉求信息的具体内容，判断诉求信息是否合理并进行分析，了解客户的诉求信息是由哪些原因产生的，是否是由劳务派遣单位或派遣员工造成的。

（2）提出可行性解决办法。若客户诉求信息真实准确，劳务派遣管理员应组织客户召开诉求讨论会，明确客户诉求的责任部门，针对诉求信息提出切实可行的解决办法，不能推诿责任。若劳务派遣管理员遇到无法解决的问题时，不能随意承诺客户，应及时向劳务派遣单位报告，以寻求帮助和解决办法。

（3）跟踪服务。客户诉求得到解决后，劳务派遣管理员应该及时进行跟踪，以确定客户对解决办法是否满意。若不满意，劳务派遣管理员与劳务派遣单位应继续进行改进，以确保客户诉求能圆满解决。最后，应将客户诉求处理资料收集梳理整合，形成客户诉求处理案例并存档。

二、提供咨询服务

1. 提供咨询服务的方法

（1）深度访谈法。劳务派遣管理员可与用工单位咨询人员进行面对面的深度访谈，由咨询人员对咨询的问题进行阐述，劳务派遣管理员对问题做好相关记录并进行分析，为用工单位提供相应的建议，并做好访谈总结工作。通过深度访谈，能够对咨询的问题有一个快速全面的了解，同时也能为用工单位咨询人员提供更多表达意见的机会，能够赢得用工单位的信赖，为后续咨询方案的实施提供支持。

（2）问卷调查法。对于需要进行统计分析的咨询项目，劳务派遣管理员可以采用问卷调查的方法。具体做法是针对客户需要咨询的问题设计调查问卷。问卷调查应用范围广，除对用工单位员工进行调查外，也可以用于用工单位管理人员。匿名调查问卷能够让员工真实地反映问题，表达自己的看法。从问卷调查中得到的数据，更加具有参考性和说服力，提出的相关解决办法也更加容易被员工和管理人员接受。

2. 咨询服务要求

为保证咨询服务质量，劳务派遣管理员在提供咨询服务的过程中，至少应满足以下3个方面的要求。

（1）劳务派遣管理员提供咨询解答及时，不影响咨询的处理结果。

（2）提供咨询服务时，劳务派遣管理员应态度谦和，解答耐心细致、全面可行。

（3）劳务派遣管理员能够对提供的法律咨询意见承担相应的责任，为用工单位提供法律咨询服务时，应符合法律法规要求，不得随意编纂欺瞒。

3. 提供咨询服务的技巧

（1）从客户实际需求出发。劳务派遣单位或劳务派遣管理员在为用工单位提供相关咨询服务时，应以解决用工单位问题为导向，从用工单位需求出发，为用工单位提供切实可行的咨询建议。

（2）及时与用工单位沟通。在对用工单位进行相关咨询服务的过程中，劳务派遣单位和劳务派遣管理员应及时与用工单位进行充分的沟通，而不是闭门造车，在与用工单位的沟通中，寻找让其满意的咨询方案。

（3）咨询方案具有可行性和可操作性。为用工单位提供咨询方案时，不应该是单纯的咨询思路和理念，咨询方案应具有系统性、可行性和可操作性，做到条理清晰、数据准确、合理可行，避免形式主义。

（4）咨询服务实施反馈。劳务派遣单位和劳务派遣管理员应及时跟进咨询服务后的实施情况，确保用工单位咨询的相关问题得到解决，并对用工单位进行主动回访，了解用工单位在实施方案中遇到的问题，及时提出切实可行的解决办法。

三、客户满意度调查

客户满意度是指客户认为劳务派遣单位已达到或超过其消费预期的一种感受，是衡量劳务派遣单位服务质量优劣的参考依据。客户满意度调查应该遵循全面、客观、真实的原则，让客户满意度调查结果真实反映劳务派遣单位的服务质量，同时也能为劳务派遣单位的服务与产品改进提供指导意见。

1. 客户满意度调查流程

客户满意度调查流程主要包括编制调查计划、实施调查、编写调查报告3部分。

（1）编制调查计划。编制客户满意度调查计划，调查计划通过主管领导审批后方可执行。客户满意度调查计划的主要内容如下。

1）明确客户满意度调查的对象，并分析调查对象的特点。

2）确定客户满意度调查的内容。

3）选择客户满意度调查方法。客户满意度调查的方法有问卷调查、信函或电子邮件调查、电话调查、访谈或召开座谈会调查等，具体说明详见下文。由于问卷调查方法适用范围广、成本较低、可获得的数据较全面，因此客户满意度调查多采用问卷调查方法，也可多种方法配合使用。

4）设计客户满意度调查问卷。

5）选择配备满意度调查人员，确定调查时间，并分配调查任务。

（2）实施调查的内容如下。

1）收集客户满意度信息。满意度调查人员通过以下渠道收集客户满意度信息：客户调查问卷、客户投诉与处理记录、客户流失信息等。

2）设计调查问卷。设计调查问卷事先要确定调查的主题内容和对象，合理设计问题，确定问题形式，并对问卷进行测试。

问卷必须与调查主题和目的相关。另外，在设计问题时，需要注意两个方面的要求：一是问题设置要明确、规范、便于被调查者回答；二是问题设计要避免诱导性，即问题设置保持价值中立。

满意度调查问卷的问题包括开放型问题和封闭型问题两种，问卷一般包括3部分。

①客户资料。问卷的第一部分是客户基本情况，如名称、行业、规模、员工人数等，其目的是了解客户的社会性特征。

②购买行为特征。问卷的第二部分是关于客户购买行为特征的问题，如派遣员工需求人数、派遣员工分布的岗位等。

③主体问题。问卷第三部分是主体问题，即针对劳务派遣单位产品和服务内容设计的问题，如客户对价格的满意度，客户对售后服务的内容、质量、售后服务人员态度的满意度等。为了更好地反映客户期望，问卷主体部分需要设计开放型问题，以供客户自由回答。

以下是客户满意度调查问卷样例。

```
                  ××劳务派遣单位客户满意度调查问卷        问卷编码_____
尊敬的客户：
    您好！
    非常感谢您参与我们的问卷调查活动。为了更好地了解客户对我公司服务的满意程度，我公司特开展此次
满意度调查活动，您可以根据您的真实想法填写问卷，并提出相关建议。
    公司名称：_____        行业类别：_____
    派遣员工人数：_____    派遣员工工作岗位：_____
    与我公司业务关系：（请在合适选项前的□内画"√"）
    □正在实施业务往来             □有过业务往来
1. 请问您（您单位）在过去一年与我公司有业务往来吗？（单选）
    □有                           □没有
2. 您对我公司服务的总体满意度如何？（单选）
    □非常满意                     □满意                        □一般
    □不满意                       □非常不满意
3. 在与我公司业务往来过程中，您是否有过不愉快的经历？（单选）
    □很好，是愉快的合作           □还好，基本没有不愉快的事情发生
    □整个业务往来过程中，感觉很不愉快    □其他，请注明：_____
4. 您对我公司的跟踪结果反馈工作满意吗？（单选）
    □非常满意                     □满意                        □基本能接受
    □不满意                       □非常不满意
```

```
5. 您对投诉的处理结果满意吗？（单选）
  □非常满意        □满意           □基本能接受
  □不满意          □非常不满意
6. 您对我公司人员的服务态度满意吗？（单选）
  □非常满意        □满意           □基本能接受
  □不满意          □非常不满意
7. 您对我公司服务最满意的地方有哪些？
  _____。
8. 您对我公司的服务及业务发展有哪些改进建议？
  _____。
```

问卷设计初步完成后，还需进行测试。测试方式可以是请相关专家进行评审，也可以是选取一定的样本进行测试，通过测试，收集反馈意见，同时对问卷进行一定的调整，使问卷更加完善。

3）信息分析。客户满意度调查人员根据收集到的信息，将客户满意度调查的结果分为"非常满意、满意、一般、不满意、非常不满意"5类，并针对各类结果进行具体分析。

2. 客户满意度调查的方法

客户满意度调查比较常用的有定量和定性两种方法，调查方法应根据调查的对象和调查的目的进行选择。定量调查方法主要是将客户的意见进行量化，基于量化数据来分析客户的满意度水平、企业需要改进的地方及客户对企业的拥护程度。定性调查是通过调查人员与客户的沟通，了解客户对劳务派遣单位服务的真实看法，从而评估客户的满意度。各调查方法的优缺点见表5-7。

◆ 表5-7 调查方法优缺点

方法类型	方法名称	优点	缺点
定量	问卷调查	1. 可以将调查范围扩大 2. 适用于不同调查对象和调查目的	1. 回复率可能较低，因而成本可能较高 2. 因问卷设计是以服务提供商的视角进行的，所以有可能不能反映客户认为重要的问题
	信函或电子邮件调查	1. 方便对远距离客户进行满意度调查 2. 能够快捷、迅速地得到具体的答案	1. 回复率比较低 2. 难以获得客户意见方面的信息 3. 调查内容的篇幅越长，客户的回复率就越低

续表

方法类型	方法名称	优点	缺点
定量	电话调查	1. 能够迅速得到回复 2. 方便对远距离客户进行调查	1. 容易引起客户的不满情绪 2. 难以获得客户意见方面的信息
定量	结构式会谈	1. 能面对面地获得客户的回复 2. 调查人员可以当面向客户解释各个问题背后的意图	1. 比较费时 2. 需要较高的会谈技巧 3. 容易受调查人员的主观影响
定性	客户焦点小组	1. 可以深入挖掘客户的意见 2. 有利于收集敏感性高的数据	1. 不具备统计效力 2. 意见不能够量化，数据有时难以分析 3. 需要良好的设备及环境以确保所有参加的客户都能够发表意见
定性	一对一深度访谈	便于深入了解客户的意见和感受	1. 调查数据及信息的真实性无法保证 2. 客户易受主观感受影响

3. 满意度调查数据分析方法

分析方法主要包括定量分析法和定性分析法两种，也可以两种方法结合使用。

（1）定量分析法。定量分析法是对每个调查问题进行赋值，通过对调查数据进行科学的统计分析，得到需要的信息，主要方法有平均值分析、相关系数分析、方差分析等方法。

1）平均值分析。平均值是衡量数据中心位置的重要指标，反映了一些数据必然性的特点，包括算术平均值、加权算术平均值、调和平均值和几何平均值。平均值分析方法简单明了，易于操作。

2）相关系数分析。相关系数又称关联系数，是说明两个变量之间线性相关关系密切程度的统计指标。在相关分析中，用相关系数可以判断出两个变量之间是否呈线性关系、线性关系的强弱，以及是正相关还是负相关。劳务派遣管理员可以用相关系数分析法来检测每一个问题与满意度之间的线性关系，从而判断调查的问题是否需要改进和调整。

3）方差分析。方差分析用于推断多个总体均数有无差异，即通过数据分析找出对该事物有显著影响的因素，各因素之间的交互作用，以及显著影响因素的最佳影响水平等。这一方法对于找到内在规律，深入挖掘调查结果具有重要作用，如可以将参与调查的客户按照规模进行划分，然后对其总体满意度进行方差分析，从而分析不同规模的客户对劳务派遣单位的满意度是否存在显著差异，进而有针对性地改善服务。

（2）定性分析法。定性分析法包括归纳分析法、比较分析法和结构分析法3种。

1）归纳分析是从个别事件推导出一般规律的论证方法，可以体现众多事物的根本规律和事物的共性，但是通常不能使其得到充分发挥。劳务派遣管理员可通过对客户满意度调查的结果进行分类归纳，从客户的回答中推断出结论。

2）比较分析是比较事物之间的区别和联系，为进一步分类提供依据。比较分析分为纵向比较法、横向比较法、纵横向比较法。劳务派遣管理员可将客户满意度调查结果与客户实际情况进行对比，找到中间的差异，从而为提高客户满意度提供依据。

3）结构分析是通过分析某事物的结构和各组成部分的功能进而认识其本质的方法。结构分析的主要内容包括分析构成要素、分析要素功能和分析整体功能。劳务派遣管理员可通过对客户建议的结构分析，挖掘客户满意度建议的各个要素，了解客户服务要求的内涵。

4. 编写满意度调查报告

客户满意度调查报告一般分为4个部分，即技术报告、数据报告、分析报告和报告附件。

（1）技术报告，即详述调查对象的构成、其代表性如何、可能存在的偏差；在调查中遇到的问题，调查实施过程；并向客户说明如何对调查进行复核。

（2）数据报告，即通过频数和百分比列表、图形、文字描述等形式，说明调查的主要结果。

（3）分析报告，即通过定量分析、定性分析等方法对调查结果进行分析，用文字和图形的形式说明分析结果，得出满意度调查的结论和建议。

（4）报告附件包括客户满意度调研问卷、访谈记录以及其他对调查报告中的观点有说明意义的材料等。

第六章 项目风险管控

第一节 风险核查

一、监控项目执行

1. 项目执行的内容

劳务派遣管理员应根据劳务派遣协议订立的内容，监控劳务派遣项目的执行情况。劳务派遣项目需监控的内容主要有以下几个方面。

（1）派遣的工作岗位。劳务派遣管理员应监控用工单位是否按照劳务派遣协议安排派遣员工的工作岗位，是否有违反劳务派遣协议内容的岗位安排。派遣员工工作岗位的工作内容与性质是否与用工单位描述的一致。

（2）工作地点。劳务派遣管理员应对派遣员工的工作地点进行监控，了解用工单位是否按照劳务派遣协议内容安排工作地点，是否有未经劳务派遣单位和派遣员工同意，随意更换工作地点的现象。

（3）按照同工同酬原则确定劳动报酬数额和支付方式。根据劳动合同法第六十三条规定："被派遣劳动者享有与用工单位的劳动者同工同酬的权利。用工单位应当按照同工同酬原则，对被派遣劳动者与本单位同类岗位的劳动者实行相同的劳动报酬分配办法。用工单位无同类岗位劳动者的，参照用工单位所在地相同或者相近岗位劳动者的劳动报酬确定。"因此，劳务派遣管理员应该对派遣员工的薪酬进行监控，检查其是否按照同工同酬方式进行发放、是否按时发放。

（4）工作时间和休息休假事项。国家实行劳动者每日工作时间不超过 8 小时、平均每周工作时间不超过 44 小时的工时制度。用人单位应当保证劳动者每周至少休息 1 日。派遣员工依法享有休息休假权利。用工单位若因工作需要安排派遣员工延长工作时间或在节假日加班的，应当征得其同意，并依法安排调休或支付加班加点工资。劳务派遣管理员应对派遣员工工作时间和休息休假事项进行监控，从而保障派遣员工的合法权益。

（5）劳动安全卫生以及培训事项。派遣员工在用工单位进行生产活动时，劳务派遣管理员应对用工单位对派遣员工的上岗知识、安全教育培训情况进行监控，以确保派遣员工了解相关岗位操作知识及安全生产要求，并按照相关要求进行生产工作。劳务派遣管理员对派遣员工安全生产情况进行监控，确保派遣员工各项生产操作符合用工单位要求，能在相应的岗位上正确操作各种设备设施，对各种安全隐患多加留意，正确佩戴和使用劳动防护用品等。劳务派遣管理员同时也要对用工单位生产安全及卫生情况进行监控，对于用工单位管理人员的违章指挥、强令冒险作业有权拒绝执行，并及时向劳务派遣单位进行反馈；对危害劳动者生命财产安全和身体健康的行为提出批评、检举和控告。

（6）其他内容。除对上述内容进行监控外，劳务派遣管理员还应对派遣员工工伤、生育或者患病期间的相关待遇、经济补偿等费用，劳务派遣协议期限，劳务派遣服务费的支付方式和标准，法律法规的执行情况和纳入劳务派遣协议的其他事项进行监控。

2. 监控项目执行的方法

（1）观察法。劳务派遣管理员根据劳务派遣项目执行内容，对派遣员工和用工单位进行观察，了解劳务派遣协议各部分内容的执行情况。劳务派遣管理员可以到派遣员工工作场所实地考察派遣员工的工作岗位和安全防护情况，考察用工单位是否按照劳务派遣协议及相关标准要求执行。

（2）访谈法。对于无法通过观察了解的情况，劳务派遣管理员可以通过与派遣员工的访谈进行监控。如可以通过访谈，了解用工企业是否合理安排派遣员工工作时间并进行安全教育培训，派遣员工是否正常享有休息休假的权利等。劳务派遣管理员也可以与用工单位相关部门负责人进行访谈，了解派遣员工的工作情况。

（3）调查法。劳务派遣管理员在对项目执行情况进行监控时，可以根据项目内容进行调查，如可以采用问卷调查，大范围了解派遣员工安全生产情况、工作岗位要求、生产生活情况等信息。

二、派遣业务风险分析

1. 派遣业务风险内容

劳务派遣管理员应熟悉劳务派遣单位、用工单位、派遣员工3个方面的风险内容，以便更有针对性、有效率地开展项目风险识别工作。

（1）劳务派遣单位方面的风险主要有劳务派遣单位设立风险、与派遣员工劳动合同的签订风险、与用工单位劳务派遣协议的签订风险、派遣员工的管理风险、派遣员工终止或解除劳动关系风险，劳动纠纷、劳动事故、客户流失风险等。

（2）用工单位方面的风险主要有用工岗位要求风险、劳务派遣单位选择风险、与劳务派遣单位劳务派遣协议的签订风险、劳务派遣作业延迟风险、派遣员工退回风险、派遣员工安全事故风险、派遣员工保密风险、劳动派遣无效风险等。

（3）派遣员工方面的风险主要有入职风险、薪酬纠纷、生产安全事故、违纪违规风险等。

2. 派遣业务风险分析方法

派遣业务风险分析需要科学合理的方法辅助，常用的几种风险识别方法如下。

（1）头脑风暴法。头脑风暴法一般是在一个专家小组内进行，通过专家会议，激发其创造性思维以获取信息。劳务派遣管理员可组织劳务派遣单位和用工单位人员参加头脑风暴会议，分析派遣业务可能存在的风险。

（2）核查表法。核查表法比较简单，主要是根据项目的各风险要素，基于以前的类比信息及其他相关信息编制出风险识别核对图表，再以核对图表作为风险识别的重要工具。劳务派遣管理员可根据劳务派遣风险以往经验，将派遣项目的风险因素编制成风险要素表，将目前的派遣项目情况与风险要素表进行核对，从而发现易忽略的风险因素。

（3）情景分析法。情景分析法是通过对项目的某个状态或情景的详细描述，分析所描述的风险与风险要素，从而识别项目风险影响因素的一种方法。情景描述可用图表、文字等表示。劳务派遣管理员可通过对现有或以往劳务派遣项目的状态和情景进行详细描述和分析，从中发现可能存在的风险要素，并提前做好风险预案。

（4）事故树分析法。事件树分析法是通过定性与定量方法，对项目的各环节进行分析，识别风险产生的影响因素或来源，分析各环节"成功（正常）"或"失败（失效）"的发展变化过程，并预测各种可能结果的方法。劳务派遣管理员可以运用事故树分析法，对劳务派遣项目中的各关键节点和关键环节的发展趋势进行分析，预测可能发生的结果，从中发现风险。

（5）因果分析法。因果分析法是寻找项目风险影响因素的一种有效方法，又称特性要素图法或鱼骨图法，这种方法能清晰地将风险问题与风险因素之间的关系表示出来。一般风险因素包括人、机器设备、材料、工艺和环境等方面。劳务派遣管理员根据需要解决的风险问题，召集同事共同讨论派遣业务风险出现的可能原因，尽可能多地找出问题，对相同的问题进行分组，就不同的问题征求意见，总结出正确的原因，然后针对风险问题的答案再进行探求，列出所有风险的原因和解决方案。

3. 派遣业务风险的产生原因

（1）未按照法律法规相关要求执行。劳动合同法、《劳务派遣暂行条例》等均对劳务派遣相关事项做出了明确规定，若劳务派遣单位和用工单位在从事劳务派遣业务时，未按照国家有关法律法规执行，容易产生违反法律法规的风险。

（2）派遣员工的日常管理工作不到位。派遣员工的管理工作贯穿于用工的各个方面，若不加强对派遣员工的管理，则易产生派遣风险。如劳务派遣管理员在派遣员工入职时若未做好其资料审核工作，则会产生劳动合同无效等风险；在派遣员工进行生产活动时，若未做好相关的安全要求和岗位知识培训等工作，则会导致出现安全事故，影响企业和员工生命财产安全。为确保能合理、合法地使用派遣员工，防止风险的产生，劳务派遣单位和用工单位均应对派遣员工做好日常管理。

三、用工风险管控

1. 用工风险管控的内容

用工风险贯穿于用工的各个阶段，了解用工风险并制定用工风险管控措施，可以帮助企业规避风险，促进企业健康良性发展。

（1）劳务派遣单位用工风险管控主要内容有以下几个方面。

1）入职风险管控。入职风险管控要求对求职者相关背景、潜在疾病风险、双重劳动关系风险、竞业限制风险、相关入职材料真实性等进行核查。

2）劳动合同签订风险管控。劳动合同签订风险管控要求对劳动合同签订时间、劳动合同期限及试用期约定、岗位约定、劳动报酬约定、社会保险约定、规章制度适用效力等进行管控。

3）派遣员工管理风险管控。派遣员工管理风险管控主要是对派遣员工在考勤、工资发放、绩效考核、岗位操作规范、突发事件处理等方面的管控。

（2）用工单位的用工风险管控主要内容有以下几个方面。

1）派遣员工退回。用工单位退回派遣员工主要包括派遣员工要求用工单位退回、用工单位依法退回、劳动合同规定之外的用工单位退回、劳务派遣协议到期自动退回。无论用工单位采取哪种方式退回派遣员工，劳务派遣管理员都需要进行管控，避免因派遣员工退回操作不规范带来的风险。

2）用工岗位要求管控。劳动合同法第六十六条明确规定："劳动合同用工是我国企业的基本用工形式，劳务派遣用工是补充形式，只能在临时性、辅助性或者替代性的工作岗位上实施。

前款规定的临时性工作岗位是指存续时间不超过6个月的岗位；辅助性工作岗位是指为主营业务岗位提供服务的非主营业务岗位；替代性工作岗位是指用工单位的劳动者因脱产学习、休假等原因无法工作的一定期间内，可以由其他劳动者替代工作的岗位。"

因此，劳务派遣管理员在对用工单位派遣员工时，要进行管控，确认派遣岗位是否符合法律法规要求的临时性、辅助性、替代性。

3）安全管控。安全管控主要包括安全教育培训、劳动防护用品发放使用、安全工具使用、岗位安全规范、职业健康等方面的管控。

4）信息保密风险管控。由于派遣员工具有不固定性，会在各个企业之间流动，造成企业信息的传播，因此会给企业保密工作带来一定风险。信息保密风险管控主要包括对派遣员工进行保密监管、签订保密协议等方面的管控。

2. 用工风险管控措施

（1）劳务派遣单位用工风险管控措施包括以下内容。

1）建立科学规范的派遣员工管理规章制度。对派遣员工的入转、调离各方面建立明确的管理制度及管理流程，使派遣员工管理的各项工作有制度依据及操作规范要求，如派遣员工入职管理制度、劳动合同签订及管理制度、培训制度等。

2）制定常见风险的管控预案。劳务派遣单位应对派遣员工管理常见风险进行评估，制定常见风险管控预案，分析常见风险产生的原因及处理办法，从根源上避免用工风险的发生。

3）确定风险处理流程。发生用工风险时，劳务派遣单位相关人员及劳务派遣管理员应能根据风险处理流程，做到责任到人，快速对风险做出处理，从而减少或避免用工风险的扩大和所带来的进一步影响。

（2）用工单位用工风险管控措施包括以下内容。

1）明确派遣业务的责任与义务。用工单位在与劳务派遣单位签订劳务派遣协议时，应在协议中明确约定用工单位的责任与义务，避免在发生用工风险或纠纷时出现推卸责任等现象。

2）建立沟通机制，及时了解跟踪派遣员工生产工作方面的动态，发现问题及时处理，同时加强对派遣员工的管理，如加强安全生产方面的培训、注意信息保密等，以减少用工安全风险及信息泄露风险。

（3）关注派遣员工思想动态。劳务派遣管理员应时刻关注派遣员工的思想动态，制定统一的管理规范，了解派遣员工需求，提高派遣员工满意度，遇到问题及时对派遣员工进行心理疏导，构建以人为本的管理理念，遵循公平公正的原则，保障派遣员工的权益，从而减少用工风险和纠纷。

第二节　风险处理

一、协商与调解

1. 协商与调解的依据

劳动纠纷协商或称劳动争议协商，是指劳动争议发生后，劳务派遣管理员和派遣员工就争议事项进行协商，在自愿的基础上达成和解协议，快速、准确地解决争议的方法。劳动争议调解是指劳动争议调解委员会对发生的劳动争议，在查明事实、分清是非、明确责任的基础上，依照国家劳动法律、法规，以及依法制定的企业规章和劳动合同，通过民主协商的方式，推动双方互谅互让、达成协议、消除争议的一种活动。

《中华人民共和国劳动争议调解仲裁法》第四条规定："发生劳动争议，劳动者可以与用人单位协商，也可以请工会或者第三方共同与用人单位协商，达成和解协议。"该法第五条规定："发生劳动争议，当事人不愿协商、协商不成或者达成和解协议后不履行的，可以向调解组织申请调解；不愿调解、调解不成或者达成调解协议后不履行的，可以向劳动争议仲裁委员会申请仲裁；对仲裁裁决不服的，除本法另有规定的外，可以向人民法院提起诉讼。"

根据上述法律规定可知，协商解决并不是劳动争议解决的必经程序，不愿协商或者协商不成的，不愿调解或调解不成的，派遣员工有权申请仲裁直至提起诉讼。

调解虽然不是劳动争议处理的必经程序，但却是劳动争议处理中的"第一道防线"，是我国劳动争议处理的重要组成部分。在现实中，出于缓和与员工之间的矛盾、维护良好形象、快速妥善解决争议等目的，在发生劳动争议后，大多劳务派遣单位或用工单位会优先选择协商调解这一方式。为确保劳动争议协商调解顺利进行，应掌握以下内容。

《中华人民共和国劳动争议调解仲裁法》第三条规定："解决劳动争议，应当根据事实，遵循合法、公正、及时、着重调解的原则，依法保护当事人的合法权益。"

具体来说，劳务派遣单位或用工单位需要把握好以下几项原则，以做好劳动争议协商调解工作。

（1）合法。以事实为依据，以法律为准绳，遵守《中华人民共和国劳动法》《中华人民共和国劳动合同法》《中华人民共和国劳动争议调解仲裁法》等法律法规。

（2）公正。维护正义、维护员工合法权益，防止徇私舞弊，防止因不公正处理而导致员工关系恶化。

（3）及时。发生劳动争议后，用人单位应及时与员工进行沟通，尽快处理争议，防止劳动争议升级，防止因错过仲裁、诉讼时限而导致员工合法权益难以维护。

（4）着重调解。能够协商、调解解决的应尽量先进行协商、调解，避免劳动仲裁或诉讼的发生。

2. 协商与调解流程

劳务派遣管理员在面对派遣员工劳动纠纷时，应及时报告劳务派遣单位和用工单位相关负责人，上报的具体内容包括纠纷产生的原因与过程、派遣员工诉求、关于纠纷的相关材料及证据等，并由劳务派遣单位和用工单位与派遣员工进行协商。

协商未达成一致的，可根据《中华人民共和国劳动争议调解仲裁法》第十二条、第十三条、第十四条及第十五条规定，进行劳动争议调解，其程序如下：

（1）劳动争议一方当事人以书面申请或口头申请的方式向劳动争议调解组织申请调解。

（2）劳动争议调解组织收到劳动争议调解申请后，应及时指派调解员对劳动争议进行全面调查，听取双方当事人对事实和理由的陈述，做好记录并签名或盖章。

（3）劳动争议调解组织在查明事实、分清是非的基础上，依照有关劳动法律法规、用人单位规章制度和劳动合同等，耐心疏导，公正调解，促使双方和解。

（4）经调解达成协议的，劳动争议调解组织制作一式三份的劳动纠纷调解协议书，协议书应写明双方当事人的姓名（单位、法定代表人）、职务、争议事项、调解结果及其他需说明的事项，并由双方当事人签名或盖章，经调解员签名并加盖调解组织印章后生效。调解协议书签订后，对双方当事人具有约束力，双方当事人应自觉履行协议书内容。

劳务派遣管理员（四级 三级 二级）

自劳动争议调解组织收到调解申请之日起 15 日内未达成调解协议的，派遣员工可以依法申请仲裁。

3. 劳务派遣争议的处理技巧

（1）劳务派遣管理员收到派遣员工的争议处理申请后，应首先稳定派遣员工情绪，做好解释说明工作，然后通知劳务派遣单位和用工单位，组织调查，了解情况、明确责任。

（2）劳务派遣管理员及劳务派遣单位和用工单位应及时讨论解决方案，并尽量在较短的时间内给出正式解决方案。

（3）劳务派遣争议解决后，劳务派遣单位或用工单位与派遣员工应签署纸质协议，以确保有据可依。

二、工伤、意外伤害事件的处理

工伤事故是指适用《工伤保险条例》的所有用人单位的职工在工作过程中发生的人身伤害和急性中毒事故，其本质特征是由于工作原因直接或间接造成的伤害和急性中毒事故。除此之外，广义的工伤事故还包括罹患职业病。《工伤保险条例》第一条规定："为了保障因工作遭受事故伤害或者患职业病的职工获得医疗救治和经济补偿，促进工伤预防和职业康复，分散用人单位的工伤风险，制定本条例。"由此可见，我国工伤事故赔偿中所指称的工伤事故采用的是广义概念，既包括一般伤害事故和急性中毒，又包括罹患职业病。

意外伤害事件是指由于外部原因造成的事故，如车祸、被歹徒袭击、溺水、食物中毒等。意外伤害事件具有突发性、意外性、非疾病、身体受到伤害等特点。

1. 工伤、意外伤害事件的处理方法

（1）派遣员工工伤处理方法

1）派遣员工发生工伤事件时，劳务派遣管理员应第一时间通知劳务派遣单位和用工单位，及时安排医疗救治并填写工伤认定申请表。

2）将工伤认定申请表、与用人单位存在劳动关系的证明材料、医疗诊断证明等材料，送至劳动保障行政部门进行工伤认定。认定为工伤的，由劳务派遣管理员为派遣员工申请工伤医疗待遇。待受伤的派遣员工医疗期满后，派遣员工到设区的市以上劳动能力鉴定委员会办理劳动能力鉴定手续，劳务派遣单位根据劳动能力鉴定等级，为派遣员工办理因工致残待遇。

3）工伤事故发生部门的负责人及时分析事故发生原因，总结经验教训，并提交书

面整改报告。

4）劳务派遣管理员对受伤的派遣员工及其家属进行安抚，并持续跟踪事故发展的情况。

（2）派遣员工意外伤害事件处理方法

1）派遣员工发生意外伤害事件时，若伤害程度较小，劳务派遣管理员应在现场进行紧急处理；若伤害程度较大，劳务派遣单位和用工单位应在第一时间安排救治伤员，确保派遣员工生命安全。涉及治安和交通事故的意外事件，劳务派遣管理员须同时进行报警处理。

2）劳务派遣管理员和用工单位相关负责人应随时与患者或其家属保持联系，跟踪事故后续发展情况。

3）若劳务派遣单位或用工单位为派遣员工购买了意外伤害保险，劳务派遣管理员应联系保险公司，为其办理意外伤害保险理赔。

4）劳务派遣管理员和用工单位相关负责人对伤害事件进行调查，并形成报告，详细记录派遣员工姓名、意外伤害事件的经过及原因、伤害事故诊断及责任初步认定、整改与预防措施等内容。

2. 工伤、意外伤害事件的处理技巧

（1）做好派遣员工情绪安抚工作。派遣员工发生工伤或意外伤害事件后，劳务派遣管理员和用工单位应在第一时间将受伤员工送往医院进行救治，并做好员工情绪安抚工作，告之企业会尽全力帮助其进行治疗，从而缓解派遣员工紧张的情绪。

（2）相关资料及时进行留档。为了能准确、高效地完成受伤员工的事故处理及保险申请事宜，同时也为了避免资料缺失导致后续劳务派遣用工方面的纠纷，劳务派遣管理员应对派遣员工相关资料进行留档，如诊断证明、各项费用情况、伤害事故现场情况等。

（3）为派遣员工购买意外伤害险。意外伤害险即意外伤害保险，简称意外险，是以被保险人的身体作为保险标的，以被保险人因遭受意外伤害而造成的死亡、残疾、医疗费用支出或暂时丧失劳动能力为给付保险金条件的保险。当员工发生非工伤事故时，企业需自行支付费用给予受伤员工慰问金或赔偿。若劳务派遣单位或用工单位为派遣员工购买了意外伤害险，就可以有效转移企业因员工受伤带来的风险。

第七章 项目费用管理

第一节 项目预算编制

一、项目费用表制作

劳务派遣单位为用工单位提供劳务派遣服务以及相关人力资源服务的日常活动中所发生的经济利益的流出统称为项目费用。项目费用一般包括管理费用、销售费用和财务费用。

项目费用不同于项目成本,项目成本是劳务派遣单位为提供劳务派遣服务而发生的各种耗费,一般来说,劳务派遣公司的主要项目成本是派遣员工的工资。

项目费用表是对劳务派遣单位提供劳务派遣及相关服务时支出费用的记录和统计表,是控制项目费用的重要工具。

劳务派遣管理员制作项目费用表时必须按照劳务派遣协议规定的权责要求规划项目费用明细,根据项目的阶段进度安排和费用发生情况定期填写,从而了解项目费用的发生情况,通过控制项目费用进一步实现控制项目成本的目标。项目费用表样式见表7–1。

● 表 7-1　项目费用表样式

项目名称：　　　　　填写日期：　　年　月　日　　　　　单位：元

进度	已完成主要进度	到结束尚余进度					
费用		前期（　）		中期（　）		后期（　）	
		预算费用	实际费用	预算费用	实际费用	预算费用	实际费用
管理费用	1. 公司经费						
	2. 办公费						
	3. 咨询费						
	4. 管理人员工资及福利费						
	5. 诉讼费						
	6. 房租及物业费						
	……						
销售费用	1. 广告费						
	2. 业务费						
	3. 经营费						
	……						
财务费用	1. 利息支出						
	2. 汇兑损益						
	3. 相关的手续费						
	4. 现金折扣						
	……						
合计							

二、项目成本预算编制

项目成本预算是有关制定项目成本控制标准的一项管理工作，是根据项目成本来估算项目各部分具体工作分配、各部分预算和项目总预算的管理工作。

1. 成本预算编制的原则

在编制项目成本预算的过程中要遵循以下 5 项基本原则。

（1）以项目的目标为中心。

（2）围绕项目进度进行编制。

（3）考虑宏观经济环境。

（4）保证项目切实可行。

（5）预算应保持一定的弹性。

2. 成本预算编制的内容

劳务派遣服务项目成本预算的编制内容主要围绕人工成本展开。

人工成本是指在劳务派遣服务业务过程中人工消耗或劳动耗费的货币表现。人工成本主要包括：派遣员工、劳务派遣管理员及派遣项目服务人员的工资总额、社会保险费用、福利费用、培训教育经费、劳动保护费用、住房费用和其他人工成本支出。其中，派遣员工工资总额是人工成本的主要组成部分。

3. 项目成本预算表

项目成本预算表是管控项目成本的重要工具，见表7-2。

● 表7-2 项目成本预算表样式

项目名称：　　　　　　　　　　　　　　　　填写日期：　　年　月　日

成本项目		时间		数量（单位）	预计费用
		开始	结束		
人工成本	1. 工资				
	2. 社会保险				
	3. 福利				
	4. 培训教育				
	5. 劳动保护				
	6. 住房				
	……				
总计					

制表人：　　　　　　　　　　　　　　　　　审批人：

第二节　项目收支管理

一、项目收支计划表制作

项目收支计划表是对劳务派遣单位在提供相关人力资源服务业务过程中资金收入

和支出的计划,是对劳务派遣单位与用工单位之间资金往来的反映。项目收支计划表样式见表7-3。

● 表7-3 项目收支计划表样式

项目编号:　　　　　　　　　　　　　　　　　　　日期：　年　月　日

项目	金额
一、项目支出	
1. 派遣员工工资	
2. 派遣员工社会保险（企业缴纳部分）	
3. 派遣员工住房公积金（企业缴纳部分）	
4. 管理人员薪酬与福利	
5. 增值税及其他税费	
……	
二、项目收入	
1. 劳务派遣业务劳务费	
2. 代理招聘服务费	
3. 人事代理或人事外包服务费	
4. 其他业务服务费	
……	
三、期末余额	

制表人：　　　　　　　　　　　　　　　　　　　审批人：

二、项目费用使用的检查

劳务派遣管理员要根据项目费用管理的要求对项目费用的使用情况进行定期检查,检查内容主要有项目费用使用用途检查、支出金额检查、发生时间检查、专款专用检查、统一管理和核算检查等几个部分。

1. 使用用途检查

每一类项目费用都有对应使用用途的要求和标准,劳务派遣管理员要对劳务派遣服务过程中的每一笔费用支出进行用途检查,以确保费用支出符合其规定的使用用途,在方便会计入账的同时也是对成本的严格把控。

2. 支出金额检查

项目费用发生后,劳务派遣管理员检查费用产生的相关凭证和收据,如没有相关证明资料，则检查费用发生的记录信息。根据这些信息，劳务派遣管理员对项目费用的支出金额进行检查，查看是否存在弄虚作假的成分、是否发生了欺骗公司财产的行为。

3. 发生时间检查

确保项目费用合规使用的一个重要条件就是对费用发生时间进行检查。项目费用发生时间的错误，如果是无心之失，将会对项目费用记账和结算带来麻烦；如果是有意为之，则说明相关人员极有可能存在违规违法的行为。劳务派遣管理员要仔细检查项目费用的发生时间，从而确保相关财务信息真实有效。

4. 专款专用检查

专款专用检查是指对项目预算中有指定用途的资金，应按预先规定的用途使用，并对使用结果进行单独反映。劳务派遣管理员要明确项目中所有的专款专用项目，按照相关专款的使用要求对其费用支出情况进行检查。

5. 统一管理和核算检查

劳务派遣管理员要对项目费用使用进行统一管理，不得出现"账外账"的情况，按照国家相关法律法规和劳务派遣单位内部财务管理制度的规定对项目费用的使用进行管理。一个会计周期结束后，劳务派遣管理员要对项目费用使用情况进行检查和核算，计算项目费用使用总额，以便对项目费用支出有一个整体的把握。

三、项目费用的结算

根据劳务派遣单位的项目管理规定，劳务派遣管理员要对项目的阶段费用支出情况进行结算。项目费用的结算一般包含以下3步：编制项目费用对账单、与用工单位对账和项目费用结算。

1. 编制项目费用对账单

劳务派遣管理员每月月初对上月项目发生的实际收支明细进行整理、核对、汇总，并与财务部进行核对，确认项目收支的准确性。再根据汇总的项目收支明细，在项目协议约定的项目费用结算时间前编制项目费用对账单。项目费用对账单样式见表7-4。

● 表7-4 ××公司劳务派遣项目费用对账单样式

日期： 年 月 日　　　　　　　　　　　　　　　　　　　　　　　　单位：元

用工单位名称				项目名称			
项目联系人				联系方式			
序号	项目结算周期	费用名称	单价	数量	金额	备注
1		派遣员工管理费				
2		社会保险代理服务费				
3		……				
4		派遣员工管理费				
5		社会保险代理服务费				
6		……				
7		派遣员工管理费				
8		社会保险代理服务费				
9		……				
		合计				

2. 与用工单位对账

劳务派遣管理员将对账单发给用工单位，经用工单位确认回复后，可安排结算事宜。

3. 项目费用结算

劳务派遣管理员在与用工单位确认对账单后，协调用工单位按时支付项目费用，并协调单位财务部门按合作协议约定向用工单位提交财务票据。

第三部分 劳务派遣管理员二级

第八章 项目开发管理

第一节 策划与谈判

一、市场营销策划

市场营销策划是指劳务派遣单位在现有市场环境下,结合自身的业务服务特点,通过确定合理的市场营销模式并开展有效的组织实施,以促进人力资源服务产品业务目标的达成,从而逐步提高市场份额的过程。

市场营销的模式一般分为传统营销和新型营销两类。

1. 传统营销

传统的市场营销策略主要是指麦卡锡教授提出的4P组合,即产品、价格、渠道和促销。传统营销策略对应的营销方式常见的有电话营销、展会营销及行业协会合作等方式。对于劳务派遣单位来说,相比展会营销和行业协会合作这两种方式,电话营销更加普遍且常用。

(1)电话营销。电话营销出现于20世纪80年代的美国。电话营销并不等同于随机地拨打大量电话,靠碰运气推销产品或服务。

1)电话营销的定义和分类。电话营销是指通过电话方式,实现有计划、有组织并且高效率地扩大客户群、提高客户满意度、维护客户等目的的营销方法。

按照发话和受话主体的不同,可以将电话营销分为拨进和拨出两种方法。拨进是指客户给劳务派遣单位拨打电话进行合作咨询或寻求服务;拨出是指劳务派遣单位给客户或准客户拨打电话进行推销、介绍业务或提供其他有可能促成劳务派遣业务合作的信息。

2）电话营销的作用。电话营销主要有以下6种用途：推销、业务介绍、约定会晤、产生销售线索、提供客户服务、公关性广告。

①推销。利用电话营销手段，可以实现良好的推销效果。对于合作中的用工单位，劳务派遣管理员可以通过电话营销寻求再次合作，向其推销劳务派遣单位的其他服务产品。对于那些曾经与劳务派遣单位达成过劳务派遣业务合作，但因为某种原因已经很长时间未再次购买相关服务的客户，可以通过电话营销对其进行再推销，以"激活"该客户。

②业务介绍。为了进一步扩大劳务派遣单位的市场覆盖率，增加客户合作数量，劳务派遣管理员要积极地外拨电话，寻找新的合作客户，通过电话向准客户介绍劳务派遣业务服务的详细内容，促使准客户转变为合作的劳务派遣业务用工单位。

③约定会晤。该功能主要是作为劳务派遣业务推销和业务介绍的辅助措施。通过电话营销的辅助，劳务派遣管理员可以获得精确的访问对象，准确约定会晤时间，提高业务推销效率，降低推销成本。

④产生销售线索。通过各种营销活动所产生的销售线索，是劳务派遣单位业务得以开展的重要基础之一。劳务派遣管理员要注意在电话营销中出现的销售线索，因为任何一个销售线索，对于劳务派遣单位来说，都可能是一个准用工单位。通过与销售线索相关客户的进一步联系，或向其发送更为详细的劳务派遣业务资料或信息，可能促成业务合作。

⑤提供客户服务。劳务派遣单位通过电话营销为用工单位提供服务。包括回答用工单位关于其购买劳务派遣业务的查询，接受用工单位关于派遣员工或服务质量的投诉，以及接收劳务派遣业务服务实施过程中相关突发事件的通知。在解决了用工单位问题的同时，还可以借机向用工单位介绍劳务派遣服务改进信息以及价格优惠方面的最新信息，使推销融合于客户服务的提供过程中。

⑥公关性广告。公关性广告是指以公共关系为目的的广告。利用电话营销进行公关性广告，是指给那些可以从劳务派遣单位业务服务中获取利益的企业或个人拨打电话，向他们描述这种机会。

3）电话营销的优势。电话营销的优势包括以下4点。

①能及时把握客户的需求。电话沟通能够在短时间内直接听到客户的意见，是一种非常重要的商务沟通工具。通过双向沟通，劳务派遣单位可以及时了解客户的需求、意见，从而提供有针对性的服务，并为今后的业务改进和拓展提供参考。

②增加收益。电话营销可以扩大劳务派遣单位业务项目的销售额。不必单纯地等待客户打来电话寻求合作，如果积极主动地给客户打电话，就有可能获得更多的合作

机会，从而增加收益。

③维护与客户的关系。通过电话营销可以建立并维持客户关系营销体系。但在建立与客户的关系时，不能急于求成，而应有长期的构想，制订严谨的计划，从而不断追求客户服务水平和质量的提高。

④简便易行，费用低。通过打电话可以随时与客户进行联系，且简便易行，这在人力、成本方面都是上门访问所无法比拟的。

4）电话营销的缺点。电话营销的缺点主要有以下两个方面。

①受访问者常有被冒犯或被侵扰的心理。由于电话访问往往是企业自主决定和控制的行为，一般事先无须经过受访者的同意。因此，有些客户会产生被冒犯或被侵扰的心理，从而影响营销活动的效果。

②无法看到对方。电话营销时访问者既无法根据对方的表情做出判断，又无法运用综合的表达技巧交流，营销效果不一定理想。

（2）展会营销。展会营销不是展销会，也与交易会不同。展会是一项"点线结合"的营销活动，"点"指的是展会营销是一次展示企业品牌、最新产品或服务项目，接触客户和同行业各类企业的平台；"线"指的是企业的长期经营运作，使客户对企业和品牌产生的从了解、接触、好感、认可到合作的过程，这个过程的重点在于企业提供的产品或服务是否能够满足客户的需要。

展会营销为劳务派遣单位提供了良好的市场调查机会，通过在展会现场收集到的信息和资料，劳务派遣单位可以了解有关竞争对手、客户和行业市场上的相关信息，可以迅速、准确地了解国内外行业的发展情况和趋势。

通过展会营销，劳务派遣单位一方面可以扩宽人力资源服务的销售渠道，另一方面可以提高企业自身的营销宣传力度和品牌影响力。

劳务派遣单位开展展会营销活动时，要注意以下几个方面。

1）确定参展目标。劳务派遣单位要有目标地制订展会参加计划，参展目标要与企业的整体市场策略保持一致，同时具备可衡量性和实际价值。一般来说，企业展会营销的参展目标包括：宣传人力资源服务，接触用工单位，了解同行情况，收集行业市场信息，开展企业宣传等。

2）筛选展会。展会的主题、内容、规模、宣传度、举办方的实力等都是影响展会举办成功与否的重要因素。劳务派遣管理员要详细研究行业动向，了解同行优秀企业的参展计划，筛选出优质的展会名单。

3）参展准备。劳务派遣管理员要按照不同展会举办方提供的参展商手册准备相应的资料文件、展会物料、宣传物料等。

4）展前营销。展会是一个聚集了一定公众视线的地方,劳务派遣单位要充分认识到这一点,在激烈的市场竞争中做出完备的展前营销策划,使企业在展会期间得到足够的关注。邮寄邀请函、宣传资料和设计相应的广告都是必要的展前营销手段。

5）展会期间工作。劳务派遣单位在展会期间的工作要紧紧围绕宣传服务、接触并开发客户、收集信息这三项内容进行,以充分利用展会营销的优势。

(3) 行业协会合作。行业协会是由同一行业的经济行为人自愿组成的,旨在促进本行业共同利益的,具有有限公共性的互益性组织。行业协会是一种民间组织,它不属于政府管理机构。

由于行业协会的特殊服务性质,劳务派遣行业协会一般以地区为单位相互区分,如北京人力资源服务行业协会、上海人才服务行业协会、深圳市人力资源服务协会等。劳务派遣管理员要根据劳务派遣单位所在地的情况,与相关地区的人力资源服务协会取得联系。

劳务派遣单位应积极参与行业协会活动,获得最新的信息和资讯,在参与活动的同时促进宣传与营销工作,通过行业协会拓展与客户和同行企业的接触面,开发新的客户,谋求业务合作。

2. 新型营销

在互联网成为营销必争之地的当下,全媒体、网络直播等新型营销方式越来越受到企业的重视,成为市场营销活动的热门选择。

(1) 全媒体营销。全媒体是指媒介信息传播采用文字、声音、影像、动画、网页等多种媒体表现手段,利用广播、电视、音像、电影、出版、报纸、杂志、网站等不同媒介形态,通过融合的广电网络、电信网络以及互联网络进行传播,最终实现用户以电视、电子计算机、手机等多种终端均可完成信息的融合接收,实现任何人在任何时间、任何地点以任何终端获得任何想要的信息。沟通性、差异性、创造性、关联性、体验性都是全媒体营销方式的体现。

(2) 网络直播。网络直播是当下热门的新型线上营销方式,通过移动终端将视频内容实时上传到互联网相应平台上给所有人观看。

网络直播利用直播视频的方式进行现场实时直播,在现场利用独立的信号采集设备将内容导入直播平台,其内容具备自主性,且全程独立可控。网络直播可以将所要展示的内容更直观、更迅速、更丰富地呈现到受众面前。

(3) 其他新型营销方法。以互联网为依托的新型营销方式只有以内容为载体,以形式打动公众才能实现营销目的。

1) 事件营销。事件营销是指利用有新闻价值、社会影响以及名人效应的人物或事件，通过策划、组织等技巧吸引媒体、客户的兴趣和关注，从而进行营销。劳务派遣管理员要积极利用热点事件，在高热度时期扩大劳务派遣单位的影响。

2）知识营销。知识营销是指通过有效的传播方法和合适的传播渠道，将企业所拥有的对客户有价值的知识传递给潜在客户。包括产品或服务的专业知识、研究成果、经营理念、管理思想或企业文化等。劳务派遣相关知识可以作为全媒体营销的内容吸引潜在劳务派遣业务客户的注意，在向其传递知识的同时谋求业务的达成。

3）互动营销。新型营销方式所具备的最大特点之一就是互动性，全媒体和网络直播都可以实现高度的互动性，这是传统营销所不具备的。通过新型营销方式可以拉近劳务派遣单位和客户之间的距离，进而产生强烈的互动效应。

二、项目谈判

项目谈判是劳务派遣单位与用工单位关于劳务派遣协议的生效、解释、履行、变更、终止等发生的有目的的沟通和协商。项目谈判是一场博弈，谈判的核心是致力于达成双方合作，谋求实现双赢而非零和博弈，项目谈判要紧紧围绕双方按照相关法律法规要求建立的劳务派遣合作关系展开。成功的项目谈判结果是双方就劳务派遣事宜形成一致意见的书面协议，即签订的劳务派遣协议。

项目谈判的过程一般包含审度情势、明确底线、场地人选、谈判推进、交换让步和谈判结束。

1. 审度情势

进行谈判之前，劳务派遣管理员首先要审度情势，通过明确一些关键要点来实现对整体局势的掌控。关键要点主要包括以下几个方面。

（1）劳务派遣单位在此次劳务派遣合作项目谈判中的地位，是弱势地位还是强势地位。用工单位对于劳务派遣单位的需求程度如何，竞争对手是谁，是否对劳务派遣单位的谈判地位造成重要影响。

（2）劳务派遣业务谈判的时间压力来源于哪一方，是劳务派遣单位急于寻求合作还是用工单位的人员紧缺。

（3）劳务派遣单位的核心竞争力或者项目谈判的关键筹码是什么。劳务派遣管理员要明确本单位与竞争对手的区别，利用核心竞争力压住谈判底线，拉高谈判结果上限。

（4）双方的成本代价是什么。如果项目谈判失败，劳务派遣单位将面临什么样的后果，会造成什么样的损失。同样，要搞清楚用工单位对谈判失败的接受程度有多高，其失败成本是什么。

2. 明确底线

劳务派遣管理员对情势审度完成后,要决定立场、明确底线。作为劳务派遣单位的谈判代表,要知道劳务派遣单位到底要什么,哪些是必要的,哪些是可以舍弃的。劳务派遣单位的谈判目的是什么。可以接受的劳务派遣业务服务项目底价是多少,在何种价格程度下可以适当让步。

3. 场地人选

谈判场地要根据双方沟通结果确定,如是在劳务派遣单位进行谈判还是在用工单位进行谈判。

关于谈判人选,劳务派遣管理员应根据项目规模大小合理组织相关等级和职能的人员参加谈判。

4. 谈判推进

劳务派遣管理员应围绕以下几个方面逐步推进项目谈判议程。针对不同的内容逐步试探对方的反应,在一些内容上让步,在另一些内容上则强硬。

（1）劳务派遣的工作岗位名称和岗位性质。
（2）工作地点。
（3）派遣员工数量和派遣期限。
（4）按照同工同酬原则确定的劳动报酬数额和支付方式。
（5）社会保险费的数额和支付方式。
（6）工作时间和休息休假事项。
（7）派遣员工工伤、生育或患病期间的相关待遇。
（8）劳动安全卫生以及培训事项。
（9）经济补偿等费用。
（10）劳务派遣协议期限。
（11）劳务派遣服务费的支付方式和标准。
（12）违反劳务派遣协议的责任。
（13）法律、法规和规章规定应当纳入劳务派遣协议的其他事项。

5. 交换让步

项目谈判过程中的交换让步是决定谈判成功与否的重要步骤。交换让步主要包含3个关键问题:让步的幅度、次数、速度。应锁定劳务派遣单位的立场,把握最合适的让步时机。

6. 谈判结束

劳务派遣管理员要把握住在什么时机结束谈判,什么问题可以延后谈判,谈判的最终目标是否达成等。一个好的谈判结束不仅体现了谈判的战术和谈判人的素养，还可以赢得谈判对手的尊敬。

第二节　评估与审核

一、用工单位评估

1. 用工单位用工状况评估

用工单位用工状况评估主要包括用工单位用工现状描述和用工需求统计。

（1）用工现状描述。劳务派遣管理员要对用工单位的所有岗位进行用工情况调查，重点描述岗位数量、职工总数、本地劳动者占比、外地劳动者占比、职工性别比、技术与管理岗位数量比、空缺岗位数量等重要内容。

（2）用工需求统计。劳务派遣的用工形式，决定了派遣员工的招聘是否严格基于用工单位的用工需求而进行的。因此，对用工单位用工需求的统计是十分重要的。

一般情况下，用工单位的用工需求岗位集中于临时性、可替代性和辅助性的岗位。就普通派遣员工在用工单位内部的就业岗位来划分，用工单位用工需求较多地体现在保安、话务员、司机、保洁、后勤管理员等这些岗位，但随着劳务派遣管理和服务的不断发展和完善，也会涉及更多的其他岗位。

只有事先明确用工单位用工需求的岗位类型和需求数量，才能向用工单位派出合适的员工，满足用工单位的需求。然而，仅统计岗位和数量方面的信息是不够的，还需掌握用工单位的需求基准。

需求基准是指用工单位需要录用什么样的人员，其内容包括年龄、性别、学历、专业、工作经验、工作能力、个性品质等。如用工单位需要20名技术工人，这种描述只表明用工单位技术工人岗位需要人员20名，然而仅凭这一条件，是很难帮用工单位招聘到满意人员的。因此，还需要知道用工单位对技术工人的技能、年龄、性别等的要求。

制定需求基准时应考虑以下两个方面的问题。

1）用工单位的岗位需求。需求基准应满足用工单位劳务派遣岗位的人员需求，与岗位的胜任素质相符。

2）国家相关政策。需求基准应符合国家法律法规，主要有《中华人民共和国劳动法》《劳务派遣暂行规定》，如对于就业最低年龄的要求等。

制定需求基准时须遵守的法律法规见表8-1。

● 表8-1 需求基准须遵守的法律法规

相关法律法规	内容
《女职工劳动保护特别规定》	附录　女职工禁止从事的劳动范围：矿山井下作业；体力劳动强度分级标准中规定的第四级体力劳动强度的作业；每小时负重6次以上、每次负重超过20公斤的作业，或者间断负重、每次负重超过25公斤的作业
《中华人民共和国劳动法》	第十二条　劳动者就业，不因民族、种族、性别、宗教信仰不同而受歧视。 第十三条　妇女享有与男子平等的就业权利。在录用职工时，除国家规定的不适合妇女的工种或者岗位外，不得以性别为由拒绝录用妇女或者提高对妇女的录用标准。 第十五条　禁止用人单位招用未满16周岁的未成年人。文艺、体育和特种工艺单位招用未满16周岁的未成年人，必须遵守国家有关规定，并保障其接受义务教育的权利
《劳务派遣暂行规定》	第二十条　劳务派遣单位、用工单位违反劳动合同法和劳动合同法实施条例有关劳务派遣规定的，按照劳动合同法第九十二条规定执行。 第二十一条　劳务派遣单位违反本规定解除或者终止被派遣劳动者劳动合同的，按照劳动合同法第四十八条、第八十七条规定执行。 第二十二条　用工单位违反本规定第三条第三款规定的，由人力资源社会保障行政部门责令改正，给予警告；给被派遣劳动者造成损害，依法承担赔偿责任。 第二十三条　劳务派遣单位违反本规定第六条规定的，按照劳动合同法第八十三条规定执行。 第二十四条　用工单位违反本规定退回被派遣劳动者的，按照劳动合同法第九十二条第二款规定执行
《未成年工特殊保护规定》	第三条　用人单位不得安排未成年人从事以下范围的劳动：《生产性粉尘作业危害程度分级》国家标准中第一级以上的接尘作业；《有毒作业分级》国家标准中第一级以上的有毒作业；《高处作业分级》国家标准中第二级以上的高处作业；《冷水作业分级》国家标准中第二级以上的冷水作业；《高温作业分级》国家标准中第三级以上的高温作业；《低温作业分级》国家标准中第三级以上的低温作业；《体力劳动强度分级》国家标准中第四级体力劳动强度的作业；矿山井下及矿山地面采石作业；森林业中的伐木、流放及守林作业；工作场所接触放射性物质的作业；有易燃易爆、化学性烧伤和热灼伤等危险大的作业；地质勘探和资源勘探的野外作业；潜水、涵洞、涵道作业和海拔3 000米以上的高原作业（不包括世居高原者）；连续负重每小时在6次以上并每次超过20公斤，间断负重每次超过25公斤的作业；使用凿岩机、捣固机、气镐、气铲、铆钉机、电锤的作业；工作中需要长时间保持低头、弯腰、上举、下蹲等强迫体位和动作频率每分钟大于50次的流水线作业；锅炉司炉

只有综合以上两个方面的招聘要求，劳务派遣单位才可能帮助用工单位挑选到满意的人才。在此基础上，劳务派遣管理员应对用工单位的用工需求进行统计，填写用工单位用工需求统计表（见表8-2），以方便进行下一步对所需人员的招聘。

● 表8-2 用工需求统计表样式

日期		部门		招聘人数	
原因	□员工离退　□业务增量　□新增业务　□候补储备				
	说明				
紧急程度	□特急　□急　□一般				
招聘方式	□网络招聘　□人才市场　□熟人推荐				
招聘岗位人员要求					
性别		年龄		学历	
专业		工作经验		外语水平	
其他标准					
部门经理意见					
人力资源部意见					
总经理意见					

针对完全派遣、长期派遣以及一些合作规模较大的派遣项目，劳务派遣单位需要和用工单位形成更深入的合作关系。在这种情况下，劳务派遣单位在与实际用工单位达成合作意向后，还需要签订用工招聘职位委托书，在此基础上统计详细的用工需求，建立招聘委托权责关系。用工招聘职位委托书样式见表8-3。

● 表8-3 用工招聘职位委托书样式

招聘单位				用工单位		
兹有如下职位委托招聘						
提出日期		责任人		签批人		
序号	所属部门	岗位名称	招聘人数	到岗时间	要求	备注
1						
2						
3						

2. 用工单位财务状况评估

用工单位财务状况评估是指评估客户的财务状况、盈利能力、资金使用效率和偿债能力等。用工单位财务状况评估可以尽最大可能找出客户中存在的财务风险,防范经营风险,保障资金安全,提高资金利用率,减少劳务派遣单位的损失。用工单位财务状况评估的数据可以从其近3年来的财务报告等资料中查出。

(1)评估内容。客户财务状况的主要评估内容包含盈利能力比率、偿债能力比率、效率比率、杠杆比率。

1)盈利能力比率。这类比率通过计算用工单位的经营利润与销售收入的比例来衡量客户的效率,进而评价客户控制成本获取收益的能力。盈利能力比率主要包括净利润率、销售利润率、营业利润率、成本费用率等。

2)偿债能力比率。偿债能力比率是判断用工单位负债的安全性和短期负债的偿还能力的比率。偿债能力的大小在很大程度上反映了用工单位经营的风险程度。这类比率主要有资产负债率、流动比率和速动比率等。

3)效率比率。这类比率通过计算用工单位的资产周转速度来反映客户控制和运用资产的能力,进而估算客户经营过程中所需的资金量。效率比率主要包括总资产周转率、固定资产周转率、应收账款回收期、存货持有天数、资产收益率、所有者权益收益率等。

4)杠杆比率。这类比率通过比较用工单位借入资金和所有者权益来评价客户偿还债务的能力。杠杆比率一般包括资产负债率、负债与所有者权益比率、负债与有形净资产比率、利息保障倍数等。

(2)评估方法。劳务派遣管理员评估用工单位财务状况主要通过客户调查、客户信用评级报告、客户财务风险评估来完成。相关表格样式见表8-4、表8-5、表8-6。

◆ 表8-4 客户调查表样式

客户名称			联系地址			联系方式		
营业日期			营业项目			经营方式		
开始交易日期			经营地点			营业区域		
负责人信息	姓名				年龄			
	学历				籍贯			
	职务				工作经历			
经营情况	资产				保险			
	办公场所	序号	地址	所有权	位置	面积	装修	市价

续表

营业情况	交易品种	月销售量	销售额	年销售量	销售额

经营能力	盈利能力	净利润率	
		销售利润率	
	偿债能力	资产负债率	
		流动比率	
		速动比率	
	其他能力	库存周转率	
		应收账款周转率	

信用评定	信用等级	信用评分	付款方式	赊销限额	是否担保	备注

签字确认	调查人	主管	经理

● 表8-5 客户信用评级报告表样式

制表人： 　　　　　　　　　　　　　　　　　　日期：　年　月　日

客户名称			客户规模		
所属行业		行业风险等级		特征描述	
所属区域		区域风险等级		特征描述	
财务风险等级			特征描述		
信用记录等级			特征描述		
客户系统评级			特征描述		
客户初始评级					
客户信用评级					
违约概率					
财务部审核意见					签字：

表 8-6 客户财务风险评估表样式

客户名称			联系方式		
营业项目			经营地点		
评估标准					
项目	权重	内容说明		评分标准	得分
一、负责人情况					
学历					
经历					
品质					
能力					
业绩					
二、财务实力					
实有净资产					
固定资产净值					
三、盈利能力					
净利润率					
销售利润率					
四、偿债能力					
资产负债率					
流动比率					
速动比率					
五、信誉状况					
贷款质量					
担保记录					
六、发展前景					
近两年利润变动					
销售收入增长					
资本增值率					
利润增长率					
行业发展前景					
市场预期前景					
主营产品寿命周期					
新产品研发情况					

续表

评估标准				
项目	权重	内容说明	评分标准	得分
七、社会贡献				
上年度缴纳税金				
就业人数				
社会保险费缴纳				
分数合计				

在填写以上表格时应注意以下几点。

1）评级之前要审查企业财务报表的真实性，调查了解定性打分项目的实际情况，发现不正常情况后调查员要到实地了解情况。

2）国有企业的土地估价增加值，评级时要从其资产负债表中剔除。

3）有不良记录或被担保中心信贷登记系统公布为不良信用的企业，信用等级调降为三级（含）以下。

4）向担保中心提供虚假财务报表的企业，一经认定，信用等级调降为三级（含）以下。

二、协议审核

劳务派遣协议内容的判断与审核主要包括用工单位主体资格、劳务派遣协议内容、双方权利和义务、费用支付约定、违约责任和签字生效等。

1. 用工单位主体资格

劳务派遣管理员要审核用工单位的法人主体资格，包括以下几个方面。

（1）用工单位的经营主体是否合法，是否在国家有关机构真实注册。

（2）用工单位的实际经营情况，有无工商登记，有无业务经营资质，有无相应的协议履约能力。应通过财务和信用调查分析判断用工单位的真实情况。

（3）有无加盖公章的营业执照复印件作为协议附件，有无相关劳务派遣项目所需的资质证件。

2. 劳务派遣协议内容

劳务派遣管理员在审核协议时，需要根据相关法律法规确定劳务派遣协议内容的合法性和完整性，以保证该劳务派遣协议的主体内容受到法律保护。

3. 双方权利和义务

劳务派遣单位与用工单位之间依据劳务派遣协议成立民事合同关系，双方的权利义务遵循依法自定的原则，由双方在沟通谈判中自行协商确定。一般来说，用工单位按照劳务派遣协议向劳务派遣单位支付劳务费用并安排派遣员工工作，劳务派遣单位负责满足用工单位的相关人员派遣需求。

《劳务派遣暂行规定》第八条规定，劳务派遣单位应当履行下列义务：如实告知被派遣劳动者劳动合同法第八条规定的事项、应遵守的规章制度以及劳务派遣协议的内容；建立培训制度，对被派遣劳动者进行上岗知识、安全教育培训；按照国家规定和劳务派遣协议约定，依法支付被派遣劳动者的劳动报酬和相关待遇；按照国家规定和劳务派遣协议约定，依法为被派遣劳动者缴纳社会保险费，并办理社会保险相关手续；督促用工单位依法为被派遣劳动者提供劳动保护和劳动安全卫生条件；依法出具解除或者终止劳动合同的证明；协助处理被派遣劳动者与用工单位的纠纷；法律、法规和规章规定的其他事项。

《劳务派遣暂行规定》第九条规定，用工单位应当按照劳动合同法第六十二条规定，向被派遣劳动者提供与工作岗位相关的福利待遇，不得歧视被派遣劳动者。

4. 费用支付约定

劳务派遣费用按照双方约定的时间，按月、季支付，用工单位应于约定日期之前以转账的形式将费用结算给劳务派遣单位。

劳务派遣单位收到款项后，在规定的时期内开具正式单据交给用工单位。

其他一次性费用或突发费用由双方根据实际情况协商后确定。

5. 违约责任

（1）用工单位违约。用工单位有以下情形之一的，若派遣员工与劳务派遣单位解除劳动合同，用工单位要承担补偿和赔偿责任。

1）不与劳务派遣单位结算或不按时足额向劳务派遣单位支付应承担的社会保险费用而导致劳务派遣单位未能依法为派遣员工缴纳社会保险。

2）未按照国家有关法律法规规定向派遣员工提供劳动保护或者劳动条件。

3）未及时向劳务派遣单位支付派遣员工工资费用，导致劳务派遣单位不能及时支付派遣员工工资。

4）用工单位的规章制度违反法律法规的规定，损害派遣员工权益的。

5）用工单位以暴力、威胁或者非法限制人身自由的手段强迫派遣员工劳动的，或者用工单位违章指挥、强令冒险作业危及派遣员工人身安全的。

6）用工单位无劳务派遣单位认定的正当理由而延迟向劳务派遣单位付款的（包括

全部或部分劳务费付款延迟）。

（2）劳务派遣单位违约。劳务派遣单位有下列行为之一，应当承担违约责任，向用工单位支付违约金。给用工单位生产经营工作造成严重影响的，用工单位有权通知劳务派遣单位解除劳务派遣协议。

1）劳务派遣单位不能按协议约定派遣员工。

2）克扣派遣人员薪酬福利，影响到用工单位生产经营工作。

3）安排到用工单位的派遣员工同时又被安排到其他企业工作。

4）在派遣期间擅自将派遣员工从用工单位调走。

（3）违约说明。双方应按照劳务派遣协议所约定的内容，履行各自的义务，因不履行或不完全履行义务引起的相关责任由责任方承担。

因违反劳务派遣协议的有关规定而产生的仲裁或诉讼费用全部由责任方承担。

6. 签字生效

劳务派遣协议的成立以签字盖章为准，可以签字盖章的人员包括用工单位的法人、委托代理人（有授权委托书）、财务部或人力资源部负责人（根据协议内容确定）等。

劳务派遣协议大于2页的，劳务派遣管理员要注意检查协议的骑缝章情况。

三、项目收益测算

劳务派遣管理员根据劳务派遣协议约定的内容，对派遣业务项目的成本进行整理汇总，对用工单位支付的劳务费以及其他业务经营收入进行汇总，通过项目总成本和总收入计算项目的收益毛利率。项目收益测算表样式见表8-7。

● 表8-7 项目收益测算表样式

项目名称		项目收入	项目成本	收益金额	毛利率
××项目	阶段一				
	阶段二				
	阶段三				
合计					

第九章

项目运营管理

第一节 项目计划制订与审核

一、制订项目年度经营计划

项目年度经营计划是劳务派遣业务项目年度经营目标的具体体现,是指在经营决策基础上,劳务派遣管理员根据项目年度经营目标对劳务派遣单位的年度项目经营活动和所需要的各项资源,从时间和空间上进行具体统筹安排所形成的计划。

项目年度经营计划的内容主要包括项目年度目标、成本费用控制计划和人员管理安排等。

1. 项目年度目标

劳务派遣管理员制定项目年度目标要充分考虑劳务派遣单位的实际情况,项目年度目标主要包括项目收益率、用工单位满意度、项目事故数。

(1)项目收益率。一般来说,劳务派遣业务项目收益率的年度目标都是与前一个年度的实际项目收益进行比较而得出的。劳务派遣管理员据此制定一个合理的提升比率。

(2)用工单位满意度。用工单位的满意度不仅是单一项目收益效果的保证,也是能否更深入地挖掘客户的前提。只有使用工单位保持较高的满意度,劳务派遣单位才能进一步提高业务合作的金额和规模,同时实现口碑的传播。

(3)项目事故数。劳务派遣业务项目安全管理是劳务派遣单位项目经营管理的重点之一。通常情况下,进一步降低项目事故数并追求项目零事故,实现将项目事故数控制在一个稳定的范围内是劳务派遣单位在项目安全管理方面的年度目标。

2. 成本费用控制计划

成本领先是劳务派遣单位在竞争中取胜的关键战略之一，成本费用控制是劳务派遣管理员必须面对的一个重要管理课题。强化成本管理、降低成本费用是劳务派遣单位取得成功的重要方面之一。

劳务派遣管理员制订成本费用控制计划时要掌握作业成本法、绝对成本控制法、相对成本控制法、全面成本控制法等方法。

作业成本法是指劳务派遣单位按照项目性质划分经营活动，将类似的经营活动组合构成经营中心，再根据活动的资源消耗，将资源分配给每个活动的成本分配方法。

绝对成本控制法是指将劳务派遣单位成本损耗控制在一个绝对的金额范围中，依据金额范围进行成本控制，从而大大降低成本损耗的方法。

相对成本控制法是指劳务派遣单位从服务、成本和收入三者的平衡关系着手控制项目成本和相对利润成本率，以确定劳务派遣单位在多大的业务项目合作规模下可以实现经营收入和利润成本的平衡，从而达到最大利润收益率的方法。

全面成本控制法是指对劳务派遣单位所有项目日常经营活动中发生的全部成本、成本形成的全过程进行控制和全体员工参与成本控制。

3. 人员管理安排

如何更加高效地运营劳务派遣业务项目是劳务派遣管理员制订项目年度经营计划时必须要考虑的内容。作为劳务派遣业务项目的核心，派遣员工的管理安排是一项十分重要的工作。

人员管理安排包括派遣员工的补充招聘和派遣员工劳务派遣业务安排等。

二、审核项目实施方案

劳务派遣业务项目实施方案是满足用工单位劳务派遣需求的指导性文件。劳务派遣管理员要确保项目实施方案的正确性，项目实施方案的审核主要包括派遣员工数量审核、岗位匹配度审核和时间安排审核3个方面。

1. 派遣员工数量审核

劳务派遣管理员根据用工单位提出的用工需求，对项目派遣员工的数量进行审核，以保证派遣员工可以满足用工单位空缺岗位的需要。

2. 岗位匹配度审核

劳务派遣管理员对即将派遣进行项目工作的人员进行资料审核，比对用工单位提供的岗位胜任素质资料，对每一个岗位对应的派遣员工的技能和素质要求进行核查，确保派遣员工符合用工单位相关岗位的上岗条件。这是提供高质量劳务派遣业务的前提和基础。

3. 时间安排审核

劳务派遣管理员要注意用工单位项目开工的时间，按照劳务派遣协议的要求，在规定的时间内完成派遣员工的招聘和供应。项目实施方案的时间进度安排应符合用工单位的排期要求。

第二节　现场管理制度制定

一、现场管理制度

劳务派遣项目现场管理制度是指用工单位工作现场与工作相关的管理制度，主要包括项目现场安全管理制度和现场 6S 管理制度等。

1. 项目现场安全管理制度

项目现场安全管理制度主要包括以下 7 个方面的内容。

（1）项目现场安全管理目标。项目现场安全管理目标一般为开展安全培训和制定安全管理措施，保障项目现场安全，确保项目现场无安全隐患，发生安全事故时有章可循。

需要注意的是，要避免项目现场安全目标制定得不科学、不合理，抓不住重点、分不清主次；要避免安全目标制定过程脱离实际，使得目标过高或高低，起不到相应的作用；要避免安全目标不根据实际情况变化进行改进，或安全目标随意改进，导致安全管理过程混乱。

（2）劳动防护用品管理规定，主要内容是规范劳动防护用品的配备、发放、使用，尤其要加强对劳动防护用品正确佩戴和使用的检查。

（3）安全预防管理规定，是规范项目现场作业安全的具体规定。尤其是在规定中应对项目作业中的危险因素进行有效的辨识和控制，准确、全面地评价危险源；对于重大危险源，应及时、有效地整改，从而起到事故预防的作用；应落实安全培训教育机制，增强员工安全意识，有效预防事故。

（4）安全事故应急管理规定，是对安全事故进行预案管理，编制预案处理规范的具体规定。尤其是对可能发生的事故编制处理预案，主要内容包括当发生事故时，采取紧急救援响应，逐级上报，做好事故应急抢救；对事故进行及时的总结和改进，吸取事故教训等。

（5）安全督察管理规定，是对项目现场进行安全监督、检查的规范，包括规定安全督察管理职责、规定安全督察细则等。

（6）环保安全管理规定，主要是对项目现场环保安全事项进行规范，包括建立完善的环保安全检测机制，避免造成环保安全事故等。

（7）职业健康管理规定，主要是对职业健康管理进行规范，包括建立完善的职业健康监控体系，职业健康反馈，对作业环境开展有效的检查和控制等。

2. 现场 6S 管理制度

6S 管理是基于 5S 管理升级版的一种管理模式。5S 管理起源于日本，是指整理、整顿、清扫、清洁、素养 5 个要素，因日语的罗马拼音均以"S"开头而简称为 5S 管理。6S 管理新增了"安全"这一要素。

推行 6S 管理，是指从上述 6 个方面进行整顿，训练员工，强化文明观念，使项目实施中每个场所的环境、每位员工的行为都能符合 6S 精神的要求。

6S 管理在改善现场环境、提升作业效率、保障服务品质和营造良好氛围等方面效果显著。具体内容见表 9-1。

● 表 9-1　6S 管理的定义、目的、实施要领

6S	定义	目的	实施要领
整理	将工作场所所有物品均区分为有必要的与不必要的；把必要的物品与不必要的物品明确、严格地区分开来；不必要的物品要尽快处理	腾出空间，灵活利用空间；防止物品被误用、误送；营造清爽的工作环境	工作场所全面检查；制定"要"和"不要"的判别基准；将不必要的物品清除出工作场所；调查物品使用频率，决定日常用量及放置位置；制定废弃物处理办法；每日进行自我检查
整顿	对整理之后留在现场的必要物品分门别类地放置，排列整齐；明确数量，有效标识	工作场所井然有序，环境整齐；消除寻找物品的时间；消除过多的积压物品；任何人都能立即取出所需要的物品，使用后能轻易恢复到原位	前一步骤整理的工作要落实；需要的物品明确放置场所；摆放整齐、井井有条；地板画线定位；场所、物品标示清晰；制定废弃物处理办法

续表

6S	定义	目的	实施要领
清扫	将工作场所清扫干净；保持工作场所干净、明亮	消除脏污，保持工作现场干净、明亮；稳定品质；减少职业伤害；责任化	建立清扫责任区（室内、室外）；执行例行扫除，清理脏污；调查污染源，予以杜绝或隔离；建立清扫基准规范；定期开展全员大清扫，每个地方都要清洗干净
清洁	将上面3S管理实施的做法制度化、规范化	维持上面3S管理的成果；定期检查	落实前3S管理工作；制定目视管理的基准；制定6S管理实施办法；制定考评、稽核方法；制定奖惩制度，加强执行；主管经常带头巡查，全员重视6S管理
素养	通过晨会等手段，提高员工文明水平；增强团队意识，养成按规定行事的良好工作习惯	提升员工素养品质；员工形成良好的6S管理习惯	制定礼仪守则；教育训练（强化6S管理教育、实践）；推动各种精神文明提升活动；推动各种激励活动
安全	重视员工安全教育；时刻建立安全第一的观念；防患于未然	建立起安全工作的环境	制定安全管理目标；制定安全处罚方法；定期排查安全风险

现场6S管理制度就是针对以上派遣员工工作现场的6S进行规范。

现场6S管理制度就是为员工创造一个干净、整洁、舒适、合理的工作场所和空间环境。工作环境干净整洁，物品摆放井然有序、一目了然，能最大限度地提高工作效率和员工士气。让员工工作得更安全、更舒畅，将资源浪费降到最低限度。

二、制定劳务派遣管理人员管理制度

劳务派遣管理人员工作绩效的好坏直接影响项目的成败，制定劳务派遣管理人员管理制度时应包含但不限于以下内容。

1. 劳务派遣管理人员要不断学习，提高自身素质，提高业务技能及管理水平，树立"以人为本"的管理理念，增强为派遣员工、为用工单位服务的意识，管理到位、服务到位。

2. 劳务派遣管理人员办事要认真、负责，工作勤恳，讲求效率，团结协作，注意工作的方式方法和工作作风。

3. 劳务派遣管理人员应不断完善项目管理相关工作制度，运用科学的管理理念，以制度管理人。

4. 劳务派遣管理人员要带头遵守各项规章制度，坚决执行签到、考勤、请假和会议制度。劳务派遣管理人员不得擅离职守，凡因公或因私离开工作岗位超过半天的，须向上级领导报告后方可离开。劳务派遣管理人员须按时参加各项工作会议，并做好各项准备，确因特殊原因不能参加时须请假，否则不得缺席。

5. 劳务派遣管理人员要严格遵守保密纪律，严守各项商业秘密，对办公会议的各项内容，凡涉及保密的，在决议、决定未公布前，不得擅自泄露，在决议、决定公布后不得泄露与会人员的发言内容和表决的态度。

6. 劳务派遣管理人员应按规定认真做好职责范围内的各项工作，承担所管辖范围内的全部责任，不得推卸责任、敷衍矛盾或将问题和矛盾转移至用工单位。要对自己分管范围内的工作进度、服务质量、成本控制、劳动纪律、消耗考核、安全卫生等负全责，全面完成上级下达的各项指标任务。

7. 劳务派遣管理人员作为劳务派遣单位项目管理的主体，要始终把企业效益、生产安全、员工安危作为首要职责，树立较强的安全意识，做好安全管理工作，绝不能懈怠。管理过程中若出现生产异常，或发生重大事故等，劳务派遣管理人员必须亲临现场，镇定指挥，以确保现场秩序。

8. 在管理过程中，劳务派遣管理人员应明晰且严格执行派遣员工考勤与工资管理制度，并接受员工监督。劳务派遣管理人员对派遣员工违反纪律等不良行为应及时处理和制止，以防后果扩大。

9. 劳务派遣管理人员对未完成或未正确完成的工作要负责监督完成或进行整改，保证各项工作合理、完整、及时完成。

10. 各项目劳务派遣管理人员必须廉洁奉公，不得以权谋私，不得利用工作之便私拿财物甚至收受他人贿赂，一经发现或被举报经调查核实后将追究责任，并立即停止工作。

第三节　派遣员工服务管理

一、派遣员工退回与待派

1. 派遣员工退回

（1）派遣员工退回的类别。从劳务派遣项目的实践经验来看，派遣员工退回的情况一般分为3种。

1）法定退回。根据《劳务派遣暂行规定》第十二条规定，有下列情形之一的，用工单位可以将被派遣劳动者退回劳务派遣单位：用工单位有劳动合同法第四十条第三项、第四十一条规定情形的；用工单位被依法宣告破产、吊销营业执照、责令关闭、撤销、决定提前解散或者经营期限届满不再继续经营的；劳务派遣协议期满终止的。

另外，派遣员工在存在过错、过失或者试用期内不符合要求的情况下，用工单位可以采取即时退回的方式，将派遣员工退回劳务派遣单位。

用工单位可以立即退回派遣员工的情况有以下6种。

①派遣员工试用期间被证明不符合录用条件。
②派遣员工严重违反用工单位的规章制度。
③派遣员工严重失职，营私舞弊，给用工单位造成重大损害。
④派遣员工同时为其他单位服务，严重影响本职工作并拒不改正。
⑤派遣员工在签订合同中存在欺诈现象。
⑥派遣员工被依法追究刑事责任。

2）约定退回。用工单位可以和劳务派遣单位在签订的派遣协议中明确派遣员工退回的情形及操作流程，具体内容如下。

①明确、细化派遣员工退回的实质要件。
②明确退回时的事实依据和有关证明。

3）协商退回。在不具备退回条件的情况下，在公平合理的基础上，用工单位也可通过与派遣单位协商的方式，在征得派遣员工的同意后，实施退回行为。

（2）派遣员工退回的管理。

1）条件审核。接到用工单位派遣员工的退回通知，劳务派遣管理员应对其是否符合退回的条件、是否属于不得退回的情形进行判断。

《劳务派遣暂行规定》第十三条规定，被派遣劳动者有劳动合同法第四十二条规定情形的，在派遣期限届满前，用工单位不得依据本规定第十二条第一款第一项规定将被派遣劳动者退回劳务派遣单位；派遣期限届满的，应当延续至相应情形消失时方可退回。

需要注意的是，用工单位将派遣员工退回至劳务派遣单位后，劳务派遣单位能否解除与派遣员工的劳动合同，还要视具体情况而定。

2）协助办理退回手续。用工单位将派遣员工退回至劳务派遣单位，需遵循一定的流程与工作规范。

①受理预退回人员通知。劳务派遣单位收到用工单位的预退回人员通知，劳务派遣管理员要对相关内容的完整性、规范性进行审核，符合要求的应予以受理。

②事实调查与验证。经审核受理的预退回人员通知，劳务派遣管理员应安排专人进行事实的调查与验证。

③工资结算及社会保险关系转移。经验证符合退回条件的，劳务派遣管理员与用工单位、派遣员工结算工资，需转移社会保险关系的应及时通知社会保险部门为该员工办理转移手续。

④办理派遣员工退回手续。劳务派遣管理员与用工单位、派遣员工办理退回手续，并做好相关文件的签字、审批及存档工作。

⑤退回员工安排及处理。劳务派遣管理员应及时做好退回员工的再派遣工作安排，做好后续交接工作。

⑥劳动争议处理。劳务派遣管理员应处理好本单位与派遣员工、本单位与用工单位之间的劳动争议，维护劳务派遣单位的合法权益。

2. 派遣员工待派

劳动合同法规定，派遣员工在无工作期间，劳务派遣单位应承担向其支付报酬的义务。为了减少因运转低效而增加的人员成本费用，劳务派遣管理员要合理安排派遣员工的工作，科学完成待派管理，原则上尽量减少待派员工的数量和待派时间。派遣员工待派管理需要注意以下几方面内容。

（1）合理规划派遣员工数量。劳务派遣管理员要严格按照项目年度经营计划和项目实施方案进行员工招聘，避免人员数量与实际派遣业务需求不匹配的情况发生，尤其应注意防止人员冗余。人员冗余是导致员工待派的重要原因之一。

（2）做到"无缝衔接"。劳务派遣管理员要根据业务进程情况及时安排后续项目，不拖泥带水。努力实现派遣员工在不同业务项目之间的快速转移，争取达到零员工待派的项目"无缝衔接"。

（3）提供必要的知识和技能提升培训。对于待派员工，劳务派遣单位应针对不同的派遣项目需求对其进行知识和技能的培训，以促使待派员工进一步提高个人能力，在满足当下派遣任务的同时，为适应多种派遣业务需求做准备。

（4）灵活签订劳动合同。在我国法律规定的范围内，劳务派遣管理员应根据派遣业务的需求情况灵活合理地与派遣员工签订劳动合同，从而降低派遣员工待派发生的概率。

二、派遣员工服务

劳务派遣单位应关注派遣员工的个人需求，设计出相应产品和服务方案来满足派遣员工的需求。派遣员工服务是一种综合性的服务，其目的在于使派遣员工从纷繁复杂的个人问题中解脱出来，以减轻压力、维护心理健康。

1. 派遣员工服务的内容

派遣员工服务的内容丰富多彩，涉及管理工作压力、维护心理健康、规划职业生涯发展等多个方面。但是，其核心内容还是解决派遣员工的心理和行为问题。具体来说，派遣员工服务的内容可以划分为以下3部分。

（1）处理造成问题的外部压力源本身，即减少或消除不适当的管理和环境因素。

（2）处理压力所造成的反应，即情绪、行为及生理等方面症状的缓解和疏导。

（3）改变个体自身的弱点，即改变不合理的信念、行为模式和生活方式等。

2. 派遣员工服务的分类

概括而言，派遣员工服务的类型可划分为4类，具体内容如下。

（1）通过压力管理、挫折应对、保持积极情绪等一系列培训，帮助派遣员工掌握提高心理素质的基本方法，增强对心理问题的抵抗力。

（2）利用宣传栏、海报、自助卡、健康知识讲座等多种形式帮助派遣员工树立对心理健康的正确认识，鼓励其遇到心理困扰问题时积极寻求帮助。

（3）提供组织咨询，帮助派遣员工与用工单位建立和保持有效的工作关系。

（4）为每一位派遣员工建立心理档案，开展心理健康指数的评估，加强人文关怀。

3. 派遣员工服务的步骤

派遣员工的服务程序可以分为以下6个步骤。

（1）明确问题，确定派遣员工服务内容。劳务派遣管理员可以通过专业的访谈和问卷调查分析法，寻找问题，以此确定派遣员工的服务内容。

（2）问题诊断。派遣员工服务工作人员通过专业的心理健康评估方法评估派遣员工心理健康程度并判断问题产生的原因，从而有针对性地提出科学有效的服务方案。

（3）宣传推广。利用宣传栏、海报、自助卡、讲座等多种形式开展职业心理健康宣传，促使派遣员工对可能遇到的心理困扰有足够的了解和正确认识。

（4）教育培训。对劳务派遣管理员进行培训，使其了解和掌握一定的心理知识和心理咨询技巧，以便在工作过程中及时发现、甄别、解决和预防派遣员工的心理问题。对派遣员工进行培训，使其了解和掌握基本的心理知识和自我管理技巧，以帮助派遣员工了解自我，澄清困惑。

（5）咨询辅导。针对个别派遣员工的特殊问题进行心理辅导。

（6）服务实施效果评估。在项目实施过程中和结束时，分别提供阶段性评估和总体评估报告，帮助劳务派遣管理员及时了解派遣员工服务的实施效果，为改善和提高服务质量提供依据。

第四节　客户关系管理

一、客户诉求解决方案

客户诉求解决方案一般包含客户诉求登记、客户诉求调查分析、客户诉求处理3个部分。

1. 客户诉求登记

客户诉求一般分为电话诉求、在线诉求、现场诉求、其他诉求等类型。不同的客户诉求渠道有不同的登记要求。

（1）电话诉求登记要求。

1）劳务派遣管理员在接通每一次电话之前，均应保持情绪稳定，端正心态并做好充分的心理准备。

2）劳务派遣管理员应在电话响起第三声之后第四声之前迅速地接起电话，并控制好通话时间，但通话过程中不能缺少基本的礼貌。

3）劳务派遣管理员应掌握倾听、提问和记录的技巧并对客户的情绪进行引导，认同客户的感受，保持良好的态度，同时明确立场，为客户提供合适的选择，诚实地向客户做出承诺。

（2）在线诉求登记要求。在线诉求包括通过电子邮件、网站后台、在线即时沟通工具等网络形式接受的诉求。

1）劳务派遣管理员在收到在线诉求信息时应第一时间给予收到信息的确认。另外，使用在线即时沟通工具时还需要及时对诉求予以进一步沟通，了解具体情况，对诉求进行整理登记。

2）劳务派遣管理员对诉求进行统计，以方便进行诉求分析。

（3）现场诉求登记要求。

1）劳务派遣管理员应该保持立场坚定、态度友好、方法适当和注重效果的原则，先稳定客户情绪，再对诉求原因进行一个初步的了解。

2）劳务派遣管理员要真诚地与客户做进一步的交谈，并做好记录。

3）劳务派遣管理员必须协同部门主管及时地对客户诉求做出反馈，力争使其在离去时有所收获。

（4）其他诉求登记要求。其他诉求是指除以上3种方式以外的其他诉求方式，如领导传达等。

1）劳务派遣管理员应认真了解客户诉求的要点，认同客户的感受。

2）客户服务部对于客户的诉求要立即做出响应，从而给客户留下良好的印象，并进行持续的反馈。

无论是哪种诉求，劳务派遣管理员都要准确记录，并将信息详细填写在客户诉求登记表中，见表9-2。

◆ 表9-2 客户诉求登记表样式

受理编号		受理日期	
诉求客户名称		诉求类型	□纠纷 □意见 □其他
客户地址		联系方式	
诉求事由			
客户要求			
诉求受理	□受理	承诺办理期限	
	□不予受理	原因	
备注			

2. 客户诉求调查分析

通过客户诉求调查，从根本上分析和研究引起客户诉求的原因，提高顾客的满意度。客户诉求分析一般分为 4 个步骤。

（1）劳务派遣管理员在接到客户诉求后，应立即明确客户诉求的控制范围。

（2）劳务派遣管理员负责对客户诉求的内容进行初步分析，以确定客户诉求涉及人员、诉求调查内容、调查时间等。

（3）由劳务派遣管理员组织相关人员召开诉求分析会议，确定参与诉求调查的人员、调查内容、调查时间和期限。

（4）由劳务派遣管理员协同相关的责任部门对客户诉求进行调查分析，以明确诉求发生的根本原因，同时拟定处理对策，在规定的时间内将整理好的客户诉求调查分析表（见表 9-3）交给项目经理。

● 表 9-3　客户诉求调查分析表样式

诉求客户名称			联系方式	
诉求内容及事由				
客户要求或希望				
调查分析	调查结果			
	调查判定			
	产生原因			
	解决对策			
客户服务经理意见				签字：

3. 客户诉求处理

客户诉求处理是确保客户的诉求能得到及时、有效的响应，并通过改进及预防措施的实施，持续提升企业服务质量的重点之一。

（1）处理客户诉求的原则，主要包括 3 个方面。

1）及时处理原则，即劳务派遣管理员要详细记录客户诉求信息并及时处理和反馈诉求事项。

2）问责原则，指劳务派遣管理员在客户诉求处理中，要做到责任明确，分清造成客户诉求的责任部门、责任人，明确其应承担的责任。

3）及时总结原则，劳务派遣管理员应及时汇总客户诉求及处理信息，总结工作中存在的不足并进行改进。

（2）客户诉求处理

对于客户诉求，劳务派遣管理员应按照劳务派遣单位的相关客户诉求管理规定与项目服务管理规定进行处理。

在进行客户诉求处理时，首先应保持同理心，安抚客户的情绪，对于处理的结果要及时反馈给客户。同时填写客户诉求处理单（见表9-4）。

● 表9-4 客户诉求处理单样式

客户名称		联系方式	
诉求时间			
诉求内容			记录人：
调查情况			调查人：
解决对策			提出人：
验证结果			验证人：
客户意见			签字：

二、客户满意度提升的方法

客户满意度提升的方法主要包括以下7个方面的内容。

1. 划分客户类型，选择目标客户

要集中资源和能力挖掘能带来回报的价值客户，具体步骤如下。

（1）可根据实际情况选择细分标准，细分客户，建立客户金字塔，分层归类具有不同价值取向和价值分布的客户。这类客户一般可以分为3类。

1）大客户，又称重点客户、主要客户、关键客户、优质客户等。大客户是指劳务派遣服务的合作频率高、合作金额大、客户利润率高，因而对劳务派遣单位的经营业绩能产生一定影响的重要客户，除此之外的其他客户群则可划入中小客户范畴。

2）一般客户，又称普通客户，即指不论是在合作频率还是金额上都不突出，但总体数量占较大份额的劳务派遣单位服务的大多数客户。

3）潜在客户，是指对劳务派遣服务存在需求且具备购买能力的待开发客户。这类客户与劳务派遣单位存在合作机会，经过劳务派遣单位的努力，可以把潜在客户转变为现实客户。

（2）评估每一细分客户，从中选定能充分利用资源为之服务的目标客户。

（3）关注潜在高价值客户，为不同类型的客户制定有针对性的服务和营销策略。

2. 明确客户的需求和期望

要实现客户满意，首先就应明确客户的需求和期望，这主要包括以下几个方面的内容。

（1）对客户需求和期望的变化方向保持适度的警觉。

（2）不断收集和研究目标客户群的服务需求，并将积极而有效的反馈融入服务和营销策略中去。

（3）分析客户购买服务时希望获得的理想结果，以及可以提升客户满意度进而驱动其购买行为的因素。

3. 全面管理客户数据

可通过建立客户信息数据库对客户需求进行分析。

（1）设专门人员集中管理企业的客户档案和作业数据，建立、更新并维护客户数据库。

（2）重视多种渠道的客户诉求和需求信息收集，如呼叫中心、网络、电话访问、走访等。

（3）把客户资源作为企业资产来管理，将其"利用率"与绩效挂钩。

4. 拉近并维护客户关系

（1）和每一个客户建立固定的联系，为客户提供个性化的服务，使客户在合作过程中获得劳务派遣服务以外的良好心理体验。

（2）在与客户交往中，善于听取其意见和建议，表现出对客户的尊重和理解，让客户感受到企业在关心其需求。

（3）站在客户的角度上思考应为其提供什么样的服务，以及怎样提供服务。

5. 积极解决客户诉求

在解决客户诉求时，劳务派遣管理员应做好以下工作。

（1）第一时间处理客户诉求，在事态恶化前采取行动，提高服务补救能力。

（2）要给客户提供表达诉求的渠道，完善客户投诉、咨询的渠道。

（3）建立处理客户投诉的规章制度和业务流程，如规定对客户诉求的响应时间、处理方式和诉求分析方法等，认真对待客户诉求。

（4）定期进行客户满意度调查，了解客户对劳务派遣业务项目服务的真实想法和建议，挖掘未反馈给劳务派遣单位的有价值的信息，制定改进措施。

6. 改进服务体系，提高服务质量

尽可能避免服务失误，当平息客户投诉或进行客户满意度调查后，进行事件回顾与总结，找出问题的本质，改进并加以固化，避免同类事件的再次发生。

（1）提升客户服务态度。客户服务态度的提升是员工素养、素质的提升，同时也是以客户为中心的客户服务意识和思想的提升。

（2）售后服务组合模式。原有客户服务模式是以"救火"为主，一般是在客户方出现问题或存在疑问时才提供相关服务。新的竞争形势要求劳务派遣管理员不仅能够"救火"，更能够"防火"。

7. 开展员工培训，建立以客户满意为导向的企业文化

劳务派遣单位要努力提高劳务派遣管理员的客户服务技能，同时创建宽容和理解客户、信任与尊重客户，给予客户"可靠的关怀"和"贴心的帮助"的企业文化。

第十章

项目风险管控

第一节 风险监管

一、编制业务风险预案

劳务派遣业务风险预案是对项目实施过程中的常见风险问题制定的切实可行的处理方案，是有效规避项目实施过程中可能发生的风险事件，确保项目按时完成的重要监管手段。

一般来说，业务风险预案的编制主要包括两部分内容，分别是业务风险类型和风险处理措施。

1. 业务风险类型

劳务派遣业务的风险主要包含两类：常见风险和特殊风险。

（1）常见风险主要是指在劳务派遣业务项目实施过程中发生的派遣员工纠纷、人员工伤事故、突发人员增减等。

（2）特殊风险主要是指用工单位的资金不足，劳务派遣项目停工停产和其他不可抗力导致的劳务派遣业务项目停工等。

2. 风险处理措施

针对不同的劳务派遣业务项目风险，劳务派遣管理员要掌握对应的应急处理措施。

（1）派遣员工纠纷。劳务派遣业务项目实施过程中，派遣员工之间发生纠纷，劳务派遣管理员要及时查明纠纷发生的时间、起因、性质、规模（人员姓名、人数）、事态程度、影响范围及人员、有无财产损失等基本情况。

若派遣员工与用工单位发生纠纷，劳务派遣管理员要积极帮助双方进行协调沟通，避免事态扩大化造成群体事件、恶性事件等更加严重的后果。

若派遣员工与劳务派遣单位发生纠纷，原则上在劳务派遣单位内部解决，派遣管理员应积极了解派遣员工的想法和意见，明确纠纷的起因和症结所在，以便查明定责后尽快解决。

（2）人员工伤事故。劳务派遣业务项目实施过程中发生员工工伤事故，劳务派遣管理员应第一时间组织成立派遣员工工伤事故应急处置小组，指导事故后的救治、处置工作，应急决策应果断有力、措施得当、组织精密、方法简明具体、讲求时效。

应急救治处置决策应以劳务派遣单位为主，用工单位为辅。但是应急处置小组的决策和处理方案必须征求用工单位的意见，取得用工单位的支持与协作，只有这样才能确保决策和方案的顺利实施。

（3）突发人员增减。劳务派遣业务项目实施过程中，若用工单位突然进行项目派遣员工减员，劳务派遣管理员要及时与用工单位进行沟通，了解项目减员原因，统计减员人数和人员名单，做好派遣员工安置工作。同时，劳务派遣管理员应向用工单位强调双方的权利义务，使用工单位明确主动进行项目减员的后果。

若用工单位突然要求增加劳务派遣业务项目的派遣员工而导致劳务派遣单位人员短缺或面临无法满足用工单位需求的情况时，劳务派遣管理员首先应对项目派遣员工增员情况进行评估，评估项目短缺的派遣员工数量和岗位技能要求。根据评估结果，劳务派遣管理员应进行内部人员调度，以尽快满足用工单位的需求；同时，积极开展外部招聘，在各人力资源市场进行人员招聘，以快速补充劳务派遣单位派遣员工数量。

（4）用工单位的资金不足，劳务派遣项目停工停产。劳务派遣业务项目实施过程中，用工单位若发生财务问题而导致资金不足，甚至是劳务派遣业务项目停工停产的情况，劳务派遣管理员要第一时间了解用工单位的经营运作情况，判定用工单位的业务状况和财务能力，与用工单位的负责人积极沟通，了解对方的项目后续安排和用工单位关于派遣员工的工作安排计划。若用工单位放弃继续使用派遣员工，劳务派遣管理员应根据双方签订的合同确定相关权利和义务，并同用工单位就项目派遣员工的安排签订书面文件。一切妥善处理后，劳务派遣管理员应安排派遣员工返回劳务派遣单位等待后续工作安排。

二、编制项目服务质量管控计划

劳务派遣业务项目服务质量是劳务派遣单位竞争力的核心,向用工单位提供满意的劳务派遣服务是劳务派遣单位生存和发展的重要基石。持续提高服务水平和服务质量是劳务派遣管理员的重要工作之一,其不仅要服务用工单位,也要服务派遣员工,要做到让用工单位满意,让派遣员工满意。

劳务派遣业务项目服务质量管控计划包含项目服务质量管控目标和项目服务质量管控时限两部分。

1. 项目服务质量管控目标

劳务派遣业务项目服务质量管控目标主要集中于出错率、服务速度和服务频率3个方面。

(1) 出错率。出错率是指劳务派遣管理员在每月计算费用时,发生人员计数错误的数量、发生款项金额错误的数量、同时发生人员计数错误和款项金额错误的数量等。

(2) 服务速度。服务速度包括:派遣员工发生入、退职时,最快更新到费用结算表的时间;派遣员工发生保险理赔时,从收到理赔资料到赔款到位的时间;派遣员工发生工伤时,从接到消息到妥善制定处理方案的时间;派遣员工与用工单位发生纠纷时,从接到消息到劳务派遣管理员介入处理的时间;接到派遣员工或用工单位投诉时,从收到投诉到投诉处理完成的时间等。

(3) 服务频率。服务频率包括:劳务派遣管理员定期与用工单位及派遣员工沟通的次数;劳务派遣管理员定期向用工单位提交正式报告的次数;劳务派遣管理员定期到用工单位办公地进行拜访的次数等。

2. 项目服务质量管控时限

劳务派遣业务项目服务质量管控时限包括6部分,分别是劳动合同签订时限、社会保险办理时限、员工工资发放时限、工伤认定办理时限、劳动纠纷处理时限和服务投诉响应时限。

(1) 劳动合同签订时限。劳务派遣单位与派遣员工建立劳动关系,应同时签订劳动合同。

(2) 社会保险办理时限。劳务派遣单位应当在与派遣员工建立劳动关系后30天内为派遣员工办理社会保险。

(3) 员工工资发放时限。派遣员工工资的发放日期应在劳动合同中明确表示,劳务派遣单位应严格按照劳动合同约定的日期为派遣员工发放工资。

（4）工伤认定办理时限。派遣员工在用工单位所在地发生工伤事故，劳务派遣单位应在接到用工单位的工伤事故通知后 12 小时内进行现场处理，24 小时内提供书面解决方案。

派遣员工发生事故伤害或者按照职业病法规被诊断鉴定为职业病，劳务派遣单位应在 24 小时内通知派遣员工参保的社会保险经办机构，并自事故伤害发生之日或者诊断、鉴定为职业病之日起 30 日内，向统筹地区社会保险行政部门做出工伤认定申请。

（5）劳动纠纷处理时限。派遣员工与用工单位发生劳动纠纷，劳务派遣单位应在接到通知后 24 小时内提供书面处理方案。

（6）服务投诉响应时限。派遣员工或用工单位投诉，劳务派遣单位应在 24 小时内响应，并于 2 个工作日内提供书面处理方案。

第二节　风险处理

一、劳动争议仲裁和诉讼应诉

劳动争议是指劳动关系双方因执行劳动法律、法规和履行劳动合同而发生的争议，即劳动者与劳务派遣单位或者用工单位之间因劳动关系中权利义务的履行而发生的争议。处理劳动争议，是劳务派遣管理员必备的技能。

1. 劳动争议仲裁

劳动争议仲裁是指劳动争议仲裁委员会对用人单位与劳动者之间发生的劳动争议，在查明事实、明确是非、分清责任的基础上依法作出的裁决活动。劳动争议仲裁具有较强的专业性，其程序与司法程序相比较为简单。在我国，劳动争议仲裁是处理劳动争议的中间环节，也是劳动争议诉讼的前置程序。

发生劳动争议时，若当事人不愿协商、协商不成或者达成和解协议后不履行的，可以向调解组织申请调解；不愿调解、调解不成或者达成调解协议后不履行的，可以向劳动争议仲裁委员会申请仲裁。

（1）劳动争议仲裁时效。当事人发现自身合法权益受到侵害时，一定要及时进行协商调解，协商调解不成应及时申请仲裁，否则若超过法律规定时效，将很难得到赔偿。

1）仲裁时效起始时间的确定。《中华人民共和国劳动争议调解仲裁法》第二十七条第一款规定，劳动争议申请仲裁的时效期间为一年。仲裁时效期间从当事人知道或者应当知道其权利被侵害之日起计算。

需要指出的是，对于劳动关系存续期间因拖欠劳动报酬发生争议的，员工提出仲裁申请的不受《中华人民共和国劳动争议调解仲裁法》第二十七条规定的仲裁时效起始时间的限制，即此情形下的仲裁时效起始时间不以"当事人知道或者应当知道其权利被侵害之日"为准，但是在劳动关系终止后，以劳动关系终止之日算起。

2）仲裁时效中断处理。仲裁时效中断是指在劳动争议仲裁时效进行过程中，因相关法定事由出现而使已经履行的仲裁时效无效，而在时效中断事由消除后，重新计算仲裁时效的情形。对于仲裁时效中断事由的认定及仲裁时效中断后的处理，《中华人民共和国劳动争议调解仲裁法》第二十七条第二款作出以下规定，即"前款规定的仲裁时效，因当事人一方向对方当事人主张权利，或者向有关部门请求权利救济，或者对方当事人同意履行义务而中断。从中断时起，仲裁时效期间重新计算"。具体仲裁时效中断事由的说明见表10-1。

◆ 表10-1 仲裁时效中断事由说明表

仲裁时效中断事由类别	事由说明	示例
当事人一方向对方当事人主张权利	一方当事人通过协商、申请调解等方式向对方当事人主张权利的	员工对用人单位作出的罚款决定不认同，向用人单位提出协商请求
当事人一方向有关部门请求权利救济	一方当事人通过向有关部门投诉，向仲裁委员会申请仲裁，向人民法院起诉或者申请支付令等方式请求权利救济的	员工就薪酬争议向用人单位所在区域的人力资源社会保障行政部门投诉，要求相关部门解决争议
对方当事人同意履行义务	对方当事人同意履行义务的	用人单位向员工承诺在一个星期内补发所欠的加班工资

3）仲裁时效中止处理。仲裁时效中止是在劳动争议仲裁时效进行过程中，因法定事由的出现而导致仲裁时效计算停止，并在时效中止事由消除后，继续计算仲裁时效的情形。对于仲裁时效中止法定事由的认定及仲裁时效中止后的相关处理，《中华人民共和国劳动争议调解仲裁法》第二十七条第三款进行了明确规定，即"因不可抗力或者有其他正当理由，当事人不能在本条第一款规定的仲裁时效期间申请仲裁的，仲裁时效中止。从中止时效的原因消除之日起，仲裁时效期间继续计算"。仲裁时效中止事由的具体说明见表10-2。

◆ 表 10-2 仲裁时效中止事由说明表

仲裁时效中止事由类别	事由说明
不可抗力	《中华人民共和国民法典》第一百八十条将不可抗力规定为"不能预见、不能避免并不能克服的客观情况"
其他正当理由	无民事行为能力或者限制民事行为能力劳动者的法定代理人未确定，该事由依据《劳动人事争议仲裁办案规则》第二十八条 劳动争议当事人向企业劳动争议调解委员会申请调解，该事由依据《关于贯彻执行〈中华人民共和国劳动法〉若干问题的意见》第89条 劳动争议仲裁委员会的办事机构对未予受理的仲裁申请逐件向仲裁委员会报告并说明情况，仲裁委员会受理审查期间，该事由依据《关于贯彻执行〈中华人民共和国劳动法〉若干问题的意见》第90条 法定代理人死亡、丧失民事行为能力、丧失代理权 劳动争议当事人因患重大疾病而影响权利行使等

仲裁庭裁决劳动争议案件，应当自劳动争议仲裁委员会受理仲裁申请之日起45日内结束。案情复杂需要延期的，经劳动争议仲裁委员会主任批准，可以适当延期并书面通知当事人，但是延长期限不得超过15日。

（2）劳动争议仲裁原则。劳动争议仲裁委员会仲裁劳动争议，应遵循以下4项原则。

1）先行调解原则。先行调解要求仲裁委员会或仲裁庭在裁决前，首先应进行调解，不经调解一般不得裁决。先行调解是仲裁的必经程序，但当事人拒绝调解或调解无效的，应及时裁决。

2）回避原则。回避是指仲裁委员会成员或仲裁员在仲裁劳动争议案件时，认为具有法定回避情况不宜参加案件审理，或当事人认为仲裁员具有法定回避情节的，可能影响公正裁决，都可以自动或申请回避。

3）少数服从多数原则。为保证裁决的客观公正性，《中华人民共和国劳动争议调解仲裁法》第四十五条规定，裁决应按照多数仲裁员的意见作出，少数仲裁员的不同意见应当记入笔录。

4）一次裁决原则。一次裁决是指任何一级劳动争议仲裁委员会的裁决都是最终裁决，当事人不服裁决的，不能向上一级仲裁委员会再次申请仲裁，只能在规定的期限内向人民法院起诉。实行一次裁决原则可以及时解决劳动争议。

（3）劳动争议仲裁案件受理情形。劳动争议仲裁案件受理情形主要包括以下3种。

1）劳动争议发生后，直接向仲裁委员会申请仲裁的。

2）发生争议后，本企业没有调解委员会的。

3）发生争议后，经企业调解委员会调解不成的。

符合上述3种情形，又符合法律规定受理范围的劳动争议，双方当事人都有权向仲裁委员会申请仲裁。

（4）劳动争议仲裁地点。劳动争议由劳动合同履行地或者用人单位所在地的劳动争议仲裁委员会管辖。双方当事人分别向劳动合同履行地和用人单位所在地的劳动争议仲裁委员会申请仲裁的，由劳动合同履行地的劳动争议仲裁委员会管辖。

（5）劳动争议仲裁当事人。一般情况下，用人单位和劳动者为劳动争议仲裁案件的双方当事人。在劳务派遣用工情况下，用工单位或劳务派遣单位与派遣员工发生劳动争议的，用工单位和劳务派遣单位为共同当事人。

（6）劳动争议仲裁申请材料。本企业申请劳动争议仲裁的，企业人力资源管理人员一般应向劳动争议仲裁委员会提交以下材料。

1）仲裁申请书。

2）营业执照副本复印件。

3）法定代表人（主要负责人）身份证明书。

4）有委托代理人的，需提交"授权委托书"一份，注明委托事项。

5）证据附证据清单，证据中一般应包括证明存在劳动关系的资料，如劳动合同、工作证、厂牌、工卡、工资表（单）、入职登记表、押金收据、社会保险缴费清单、暂住证、考勤记录、奖惩通知、解除（终止）劳动合同的通知（证明）等。

2. 劳动争议诉讼

劳动争议诉讼是指劳动争议当事人不服劳动争议仲裁委员会的裁决，在规定的期限内向人民法院起诉，人民法院依照民事诉讼程序，依法对劳动争议案件进行审理的活动。

劳动争议诉讼还包括当事人一方不履行仲裁委员会已发生法律效力的裁决书或调解书，另一方当事人申请人民法院强制执行的活动。

在我国现行的法律体系中，劳动争议实行先裁后审制度，即劳动争议仲裁是劳动争议诉讼的前置程序，对于未经过仲裁的劳动争议申诉案件，人民法院不予受理。

（1）劳动争议诉讼的前置程序。先裁后审主要包括两种情形，即确实经过仲裁前置程序的情形和视为经过仲裁前置程序的情形，具体说明如下。

1）确实经过仲裁前置程序的情形。确实经过仲裁前置程序的情形即劳动争议当事人向劳动争议仲裁委员会提出仲裁申请，而劳动争议仲裁委员会对劳动争议当事人申请的案件作出裁决。在此情形下，当劳动争议当事人对裁决结果不满意时，可向人民法院提出诉讼,具体说明见表10-3。

● 表10-3 劳动争议诉讼提起情形说明表

情形	情形说明	备注
劳动争议当事人对终局裁决结果不满	劳动者对裁决结果不满意时,即可根据《中华人民共和国劳动争议调解仲裁法》第四十八条的规定,自收到仲裁裁决书之日起15日内向人民法院提起诉讼	终局裁决主要是指《中华人民共和国劳动争议调解仲裁法》第四十七条所规定的情形,即"下列劳动争议,除本法另有规定的外,仲裁裁决为终局裁决,裁决书自作出之日起发生法律效力: (一)追索劳动报酬、工伤医疗费、经济补偿或者赔偿金,不超过当地月最低工资标准12个月金额的争议; (二)因执行国家的劳动标准在工作时间、休息休假、社会保险等方面发生的争议
	用人单位有证据证明终局裁决结果存在下述问题时,可根据《中华人民共和国劳动争议调解仲裁法》第四十九条的规定,自收到仲裁裁决书之日起30日内向劳动争议仲裁委员会所在地的中级人民法院申请撤销裁决: (一)适用法律、法规确有错误的; (二)劳动争议仲裁委员会无管辖权的; (三)违反法定程序的; (四)裁决所根据的证据是伪造的; (五)对方当事人隐瞒了足以影响公正裁决的证据的; (六)仲裁员在仲裁该案时有索贿受贿、徇私舞弊、枉法裁决行为的。 仲裁裁决被人民法院裁定撤销的,当事人可以自收到裁定书之日起15日内就该劳动争议事项向人民法院提起诉讼	
劳动争议当事人对非终局裁决结果不满	劳动争议当事人对于非终局裁决的劳动争议案件的仲裁裁决不服时,可以自收到仲裁裁决书之日起15日内向人民法院提起诉讼	《中华人民共和国劳动争议调解仲裁法》第五十条

2)视为经过仲裁前置程序的情形。视为经过仲裁前置程序的情形是指劳动争议当事人向劳动争议仲裁机构提出仲裁申请,但劳动争议仲裁机构对相关案件不予受理或未在规定时间内作出裁决的情形。在此情形下,劳动争议当事人可依《中华人民共和国劳动争议调解仲裁法》第二十九条、第四十三条的相关规定向人民法院提出诉讼。

第二十九条规定:"劳动争议仲裁委员会收到仲裁申请之日起五日内,认为符合受理条件的,应当受理,并通知申请人;认为不符合受理条件的,应当书面通知申请人不予受理,并说明理由。对劳动争议仲裁委员会不予受理或者逾期未作出决定的,申请人可以就该劳动争议事项向人民法院提起诉讼。"

第四十三条规定:"仲裁庭裁决劳动争议案件,应当自劳动争议仲裁委员会受理仲裁申请之日起四十五日内结束。案情复杂需要延期的,经劳动争议仲裁委员会主任批准,可以延期并书面通知当事人,但是延长期限不得超过十五日。逾期未作出仲裁裁决的，当事人可以就该劳动争议事项向人民法院提起诉讼。

仲裁庭裁决劳动争议案件时，其中一部分事实已经清楚，可以就该部分先行裁决。"

（2）劳动争议诉讼的原则与诉讼的举证责任。

1）劳动争议诉讼的原则。人民法院审理劳动争议案件适用《中华人民共和国民事诉讼法》所规定的诉讼程序，遵循司法审判中的一般诉讼原则，如以事实为依据、以法律为准绳的原则，独立行使审判权的原则，回避原则，着重调解原则等。

此外，根据劳动争议案件的特殊性，还应体现有关单位密切配合的原则。

在处理劳动争议诉讼案件时，当事人应当遵循诚实信用原则，对自己提出的主张有责任提供证据。

2）劳动争议诉讼的举证责任。劳动争议举证责任是指劳动争议当事人对其提出的主张负有收集或提供证据的义务，并承担运用该证据证明其主张的案件事实成立的责任。在劳动争议仲裁过程中，劳动争议当事人一般按照"谁主张谁举证"的原则承担举证责任，但是对于一些特殊的案件，其举证责任由用人单位承担。

对于劳动争议举证责任的承担者及其举证要求，《中华人民共和国劳动争议调解仲裁法》和《劳动人事争议仲裁办案规则》分别作出了明确规定。

《中华人民共和国劳动争议调解仲裁法》第六条规定："发生劳动争议，当事人对自己提出的主张，有责任提供证据。与争议事项有关的证据属于用人单位掌握管理的，用人单位应当提供；用人单位不提供的，应当承担不利后果。"

《劳动人事争议仲裁办案规则》第十三条规定："当事人对自己提出的主张有责任提供证据。与争议事项有关的证据属于用人单位掌握管理的，用人单位应当提供；用人单位不提供的，应当承担不利后果。"

法律没有具体规定，按照《劳动人事争议仲裁办案规则》第十三条规定无法确定举证责任承担时，仲裁庭可以根据公平原则和诚实信用原则，综合当事人举证能力等因素确定举证责任的承担。

承担举证责任的当事人应当在仲裁委员会指定的期限内提供有关证据。当事人在该期限内提供证据确有困难的，可以向仲裁委员会申请延长期限，仲裁委员会根据当事人的申请适当延长。当事人逾期提供证据的，仲裁委员会应当责令其说明理由；拒不说明理由或者理由不成立的，仲裁委员会可以根据不同情形不予采纳该证据，或者采纳该证据但予以训诫。

当事人因客观原因不能自行收集的证据，仲裁委员会可以根据当事人的申请，参照民事诉讼有关规定予以收集；仲裁委员会认为有必要的，也可以决定参照民事诉讼有关规定予以收集。

①劳动关系成立争议举证责任。实行"谁主张谁举证"的举证原则,即主张劳动关系成立的一方对劳动关系成立负举证责任,如主张方可通过提供劳动合同、工资发放/领取凭证、社会保险缴纳凭证等证明劳动关系的成立。

当劳动者已证明其为用人单位提供劳动,即证明与用人单位已建立劳动关系,如用人单位对劳动者的主张不予认同,主张劳动关系不成立的,其必须提交反驳证据。

劳动者与用人单位未签订劳动合同,主张方主张劳动合同成立时,可提供工资支付/领取凭证、社会保险缴纳凭证、用人单位向劳动者发放的工作证等身份证明证件、劳动者填写的登记表、考勤记录等作为证据。根据《关于确立劳动关系有关事项的通知》,工资支付凭证或记录、缴纳各项社会保险费的记录、劳动者填写的用人单位招工招聘"登记表""报名表"等招用记录、考勤记录由用人单位负举证责任。

②劳动关系解除争议举证责任。对于劳动者主张解除劳动关系的,劳动者需提供证据证明其辞职原因属实,但与争议事项有关的证据属于用人单位掌握管理的,用人单位应当提供。

对于用人单位主张解除或终止劳动关系的,用人单位需提供证据证明其解除或终止劳动关系行为的合法性。

(3) 劳动争议诉讼时效。劳动争议诉讼时效是指相关权利人在法定期间内不行使权利的事实至法定期间届满即丧失胜诉权的制度,即权利人未在法定时限内提起上诉的,法律对其合法权利不予保护。对于劳动争议诉讼时效,《中华人民共和国劳动争议调解仲裁法》第四十八条、第四十九条、第五十条作出了明确的规定。

在处理劳动争议诉讼案件时,劳务派遣管理员一定要对诉讼时效予以重点关注,防止因诉讼超过法定时效而使自身的合法权益无法得到保护。

3. 劳动仲裁答辩书

劳动仲裁答辩书是劳动争议仲裁的被诉人(通常为用人单位)针对申诉人(通常为劳动者)申诉请求和理由进行回答和辩解的文书。劳动仲裁答辩书的内容通常由首部、正文和结尾三部分组成。

(1) 首部。答辩人是自然人的,首部应写明答辩人的姓名(名称)、性别、年龄、民族、职务、工作单位和住址(住所地)等;答辩人是用人单位的,应写明单位名称、地址、法定代表人姓名、职务以及电话号码等。

(2) 正文。答辩书的正文是主要部分,被诉用人单位应写明答辩的理由和根据,包括案件的发生、发展过程,双方当事人争执的焦点、起因和现状,据理进行反驳。

（3）结尾。答辩书的结尾要写明答辩书送到的劳动争议仲裁机构名称，要有答辩人签名（盖章）、日期等。

劳务派遣管理员在撰写答辩书时，要抓住主要内容，重点针对申诉人在劳动仲裁申诉中提出的事实和理由进行答辩，同时提出相反的事实、证据和理由。在进行辩驳时，要抓住劳动关系双方争议的主要矛盾和关键性问题，实事求是，公平公正，以事实为依据。书写语言要准确、正式，书写笔迹清楚，卷面整洁。常见的劳动仲裁答辩书样式见表10-4。

● 表10-4 劳动仲裁答辩书样式

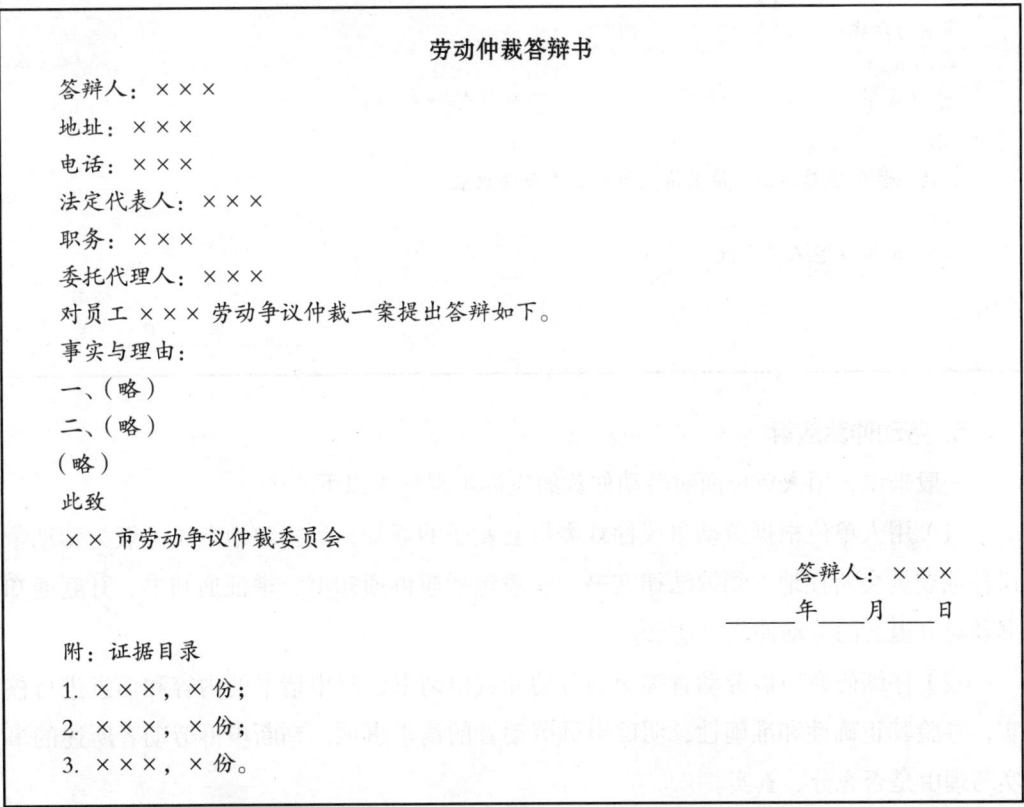

4. 劳动诉讼起诉书

用人单位对劳动仲裁裁决结果不满意，应向人民法院提起诉讼。劳动诉讼起诉书样式见表10-5。

● 表 10-5 劳动诉讼起诉书样式

劳动诉讼起诉书

原告：×××

法定代表人：×××

地址：×××

被告：（姓名，性别，年龄，出生日期，身份证号码，住址）

　　原告不服×××市×××区劳动争议仲裁委员会×××仲字（20××）第××号、（20××）第××号裁决书，现向贵院提起诉讼。

　　诉讼请求：请求法院对×××区劳动争议仲裁委员会×××仲字（20××）第××号、（20××）第××号裁决书第××项、第××项、第××项等的错误裁决进行纠正，依法判定原告不承担×××义务。

事实与理由：

一、（略）

二、（略）

（略）

为此向贵院提起诉讼，请求依法维护原告合法权益。

此致

××市××区人民法院

　　　　　　　　　　　　　　　　　　　　　　×××公司

　　　　　　　　　　　　　　　　　　　　_____年___月___日

5. 劳动仲裁应诉

一般来说，用人单位面对劳动仲裁的应诉步骤分为以下 5 个。

（1）用人单位根据劳动争议仲裁委员会发送的通知，到指定地点（一般为劳动争议仲裁委员会所在地）领取法律文书，一般包括应诉通知书、举证通知书、开庭通知书及对方提交的劳动仲裁申请书。

（2）仔细研究申诉劳动者提交的劳动仲裁申请书，对申请书的内容和信息进行核实，查验其正确性和准确性，明确申诉劳动者的请求事项，判断申诉劳动者所述的事实与理由是否充分、真实。

（3）积极制定应诉策略及应诉执行方案，针对申诉劳动者的陈述事项逐一提出答辩意见。应关注的重点问题包括劳动关系的存续，双倍工资的仲裁时效，经济补偿（赔偿）的支付条件，经济补偿（赔偿）的具体金额，工伤、医疗期和女职工"三期"等特殊情形，是否给企业造成实际损失等。针对不同的陈述问题准备对应的相关证据，制作证据目录，在规定的期限内将证据材料提交到劳动争议仲裁委员会。

（4）劳动仲裁正式开始之前准备好必要的法律依据，备齐证据材料原件和复印件，按时参加庭审。

（5）劳动仲裁结束，领取裁决文书（调解文书），如对裁决结果不服，应在15日内向人民法院提起诉讼（终局裁决，在30日内向劳动争议仲裁委员会所在地的中级人民法院申请撤销）。

6. 劳动争议民事诉讼应诉

用人单位（被告人）收到人民法院送达的劳动者（原告）的起诉书后，要积极地做好应诉准备，应诉主要分为以下6部分。

（1）用人单位可针对劳动者的起诉书，提交被告方的答辩状。

（2）答辩状应在人民法院规定的限期内提交。

（3）用人单位确定不答辩，不影响应诉流程，人民法院照常审理案件。

（4）用人单位有反诉因素的，应当在答辩状中提出反诉。

（5）用人单位如果认为受诉人民法院对该劳动争议案件没有管辖权，可以在答辩期内提出管辖权异议申请。

（6）用人单位应针对原告的起诉请求准备证据。根据人民法院的传唤，参加案件庭审，在法庭上出示己方的证据，反驳劳动者的利益主张，以维护自身的合法权益。

二、用工单位协议争议处理

劳务派遣单位与用工单位之间的纠纷，主要来源于劳务派遣协议。

1. 协议争议类别

劳务派遣单位与用工单位协议争议的类型主要分为3类。

（1）劳务派遣费用导致的纠纷。这类纠纷主要发生在费用数额、支付时间等方面。

（2）权责不清导致的纠纷。因协议疏漏导致双方权责不清，造成实际工作中互相推诿，甚至产生摩擦。

（3）合作资质导致的纠纷。劳务派遣单位或用工单位由于经营问题导致风评变坏或濒临破产，造成无法继续保持高水准合作而引发的纠纷。

2. 协议争议处理方法

劳务派遣单位与用工单位的协议争议主要通过协商、调解、仲裁、诉讼等方法解决。

（1）协商

1）协商是指争议的协议当事人依据有关法律规定或协议约定，以合法、自愿、平等为原则，在互谅互让的基础上，经过谈判和磋商，自愿就争议事项达成协议，从而解决分歧和矛盾的一种方法。

2）协商方式无须第三者介入，且简便易行。

3）采用协商方式能及时解决争议，避免当事人经济损失扩大，有利于双方的协作和协议的继续履行。

（2）调解

1）调解是指争议的协议当事人在第三方的主持下，通过劝说引导，以合法、自愿、平等为原则，在分清是非的基础上，自愿达成协议，以解决争议的一种方法。

2）运用调解方式解决争议可使双方不伤和气，有利于今后继续履行协议。

（3）仲裁

1）仲裁是双方当事人通过协议，自愿将争议提交仲裁机构作出裁决，并负有履行裁决义务的一种解决争议的方式。

2）仲裁需经双方同意并约定具体的仲裁委员会。

3）仲裁可以不公开审理而保守当事人的秘密、节省费用，一般不会影响双方日后的正常交往。

（4）诉讼

1）诉讼是协议当事人在发生争议后，只要不存在有效的仲裁协议，任何一方向有管辖权的人民法院起诉，并在其主持下为维护自己合法权益而采取的解决争议的活动。

2）通过诉讼，当事人的权利可以得到法律的严格保护。

3. 协议争议处理步骤与技巧

（1）发生协议争议，劳务派遣管理员应立即报告上级领导，项目负责人和相关部门应当及时提供解决争议所需的相关材料，及时做好材料整理工作。

（2）对于协议争议，相关负责人应在规定时效内与协议对方进行协商、调解，并及时上报协商进度。

（3）经双方协商达成一致意见的，双方签订书面补充协议，由双方法定代表人或其授权人签字盖章并加盖单位印章后生效。

（4）协议争议经协商、调解无法解决的，则应选择仲裁或诉讼方式解决。

（5）一旦协议争议进入仲裁或诉讼阶段，劳务派遣管理员应及时向领导汇报和请示。因为仲裁和诉讼必须以企业（具有法人资格）的名义进行，由企业作出决策。

（6）为解决协议争议所采取的各项措施，必须在法定的诉讼时效和期间内进行。

（7）协议发生争议后，需要委托代理人参加仲裁或诉讼活动的，应当及时委托有资格的代理人参与处理争议，相关部门和人员应配合做好仲裁或诉讼工作。

（8）在处理协议争议过程中，对于可能因对方当事人的行为或者其他原因使判决不能执行或难以执行的案件，应当及时向法院申请财产保全。

（9）协议争议发生后，应当依法采取一切措施，积极收集、整理有关证据。在证据可能灭失或者难以取得的情况下，应当向人民法院申请证据保全。

（10）向人民法院提供原始证据时，必须先行复制，并请求人民法院的承办人员出具证据收执。

（11）解决协议争议的申请书、起诉状、证据、答辩状、协议书、调解书、仲裁书、裁定书、判决书等，在结案后10日内，由承办人送交备案。

（12）协议争议处理过程中，任何部门或个人未经授权，均不得向协议对方作出实质性的答复或承诺。

第十一章

项目费用管理

第一节 项目费用分析

一、项目收入与成本分析

1. 项目收入与成本的主要内容

（1）项目收入。对于劳务派遣单位来说，其项目收入是指用工单位按照劳务派遣协议向劳务派遣单位支付的全部协议标的总额。

（2）项目成本。项目成本包括人工成本、材料与设备成本、咨询成本、风险成本等。

1）人工成本。人工成本包括3个方面的内容：一是应当向派遣员工支付的薪酬福利及社会保险和住房公积金成本；二是直接与项目相关的劳务派遣管理员的薪酬福利及社会保险和住房公积金成本；三是参与管理项目的管理人员的薪酬福利及社会保险和住房公积金成本。

2）材料与设备成本。在劳务派遣项目的前期考察、接洽、投标、谈判、计划制订，后续服务实施（招聘、培训、管理）等活动期间产生的如纸张、通信、计算机等方面的成本。

3）咨询成本。劳务派遣项目进行过程中，可能存在的各种咨询和专家服务费用。

4）风险成本。

2. 项目收入与成本分析

在项目进行中，劳务派遣管理员要根据建立的劳务派遣单位台账，对项目的收入和成本分别进行记录和统计。这是项目收入与成本分析的基础。项目收入与成本分析是分析各项收入和成本实际发生的情况及其与预算的差距，并对项目进行收益分析。

（1）项目收入分析表。项目收入分析表样式见表11-1。

● 表11-1 劳务派遣项目收入分析表样式

单位：元

项目阶段	协议应回款时间	协议应回款金额	实际回款时间	实际回款金额	差额	项目实际回款完成比	备注
合计							

（2）项目成本分析表。项目成本分析表样式见表11-2。

● 表11-2 劳务派遣项目成本分析表样式

单位：元

成本项目		预算成本			实际成本			节约成本	节约率	备注
		单价	数量	小计	单位	数量	小计			
人工成本	劳务派遣员工薪酬									
	劳务派遣管理员薪酬									
	管理人员薪酬									
材料与设备成本	招聘成本									
	培训成本									
	交通费									
	通信费									
	……									
咨询成本	咨询费									
	专家服务费									
风险成本	工伤风险									
	违约风险									
	……									
合计										

（3）项目收益分析。项目收益分析就是分析项目的盈亏情况。用项目的总收入减去项目的总成本，即为项目的收益。

二、项目费用分析报告的编制

所谓项目费用就是项目在运作过程中发生的各项资金上的支出。一般来说，项目费用包括直接费用和间接费用两部分。

直接费用与项目过程中各工序的存续时间有关，在劳务派遣项目中，主要包括项目人员的薪酬、项目过程中的材料费、工具费等。

间接费用与项目过程无直接关系，在劳务派遣项目中，主要包括项目过程中的管理费、办公费等。

1. 项目费用分析报告的内容

劳务派遣管理员应具备撰写项目费用分析报告的能力，能够分析费用使用过程，总结项目费用使用经验，提出项目费用优化建议。项目费用分析报告应包括以下内容。

（1）项目基本情况介绍。主要介绍项目名称、内容、主要参与单位与人员、项目时间、报价等。

（2）合同条款。主要介绍项目双方（指劳务派遣单位与用工单位）在劳务派遣合作协议中约定的有关项目费用计算的各类条款，如费用计算依据、付款条件等。

（3）项目费用分析节点。主要介绍该次项目费用分析的各时间节点。

（4）项目效益与费用情况。主要介绍项目效益与费用的确认原则，项目效益与费用的实际情况，预计效益、成本与实际效益、成本的对比情况以及差异出现的原因等。

（5）项目费用使用风险。主要总结该次项目费用使用过程中存在的风险点，这些风险可能就是导致项目费用发生变化的主要原因。

（6）存在的问题与不足。总结该次项目费用使用过程中存在的问题与不足，以便吸取教训。

（7）项目费用优化措施。项目费用优化措施是项目费用分析报告的重点。在项目中，时间与费用之间存在一个最佳的平衡点，项目费用优化就是根据最低成本的要求，寻求最佳生产周期。具体而言，项目费用优化需要考虑以下几点：在规定的项目周期下，确定项目的最低费用；若需要缩短工期，则考虑如何使增加的费用最小；若要求以最低费用完成整个项目计划，应考虑如何确定其最佳工期；若增加一定数量的费用，则可使工期缩短多少。

据此，项目费用优化工作可参考以下措施进行。

1）按正常项目时间编制项目费用使用计划，并计算项目完成所需要的直接费用与间接费用。

2）计算项目过程中各项工作的单位时间费用变化率。

3）根据费率最低的原则选择优化对象，找出关键工作中单位时间费用变化率最小的工序将其时间予以压缩，并计算相应的费用变化值。

4）考虑项目时间变化带来的间接费用及其他损益，并在此基础上计算项目总费用。

5）重复3）、4）两步，直到项目费用计划中的关键工序都达到最短持续时间且不能再压缩为止。

2. 项目费用分析报告的编制方法

项目费用分析报告与其他类型报告一样，在保证内容完整的情况下，并无具体格式要求，劳务派遣管理员只需注意满足所在单位的文件编写、排版等规范即可。此处列举一些通用的报告编制方法，以供参考。

（1）文字描述法。文字描述法是采用定性的语言文字来描述报告内容，适合用于介绍基本情况、存在的问题以及费用优化措施等。

（2）数据描述法。数据描述法是采用数字来表现各项费用数据的方法。数据比文字在某种程度上更具说服力，但劳务派遣管理员要确保数据的真实性。

（3）表格、图形表现法。通过表格或图形，可以直观地展示费用情况，以及费用变化的趋势。表格与图形通常结合数据一起呈现。

第二节　项目业绩管理

一、劳务派遣管理员业绩考核

业绩管理是企业通过一定的人力资源管理手段和方式对员工业绩及组织业绩进行管理的活动。业绩管理是保证组织目标实现的关键，同时，通过业绩管理，实现员工业绩的改善和组织业绩的提升，最终实现员工和组织的共同发展。对应到劳务派遣项目中，业绩管理就是项目管理人员通过一定方法对项目参与人员确定考核目标、实施业绩考核，并努力提高项目参与人员的业绩以及项目总体业绩的活动。

劳务派遣管理员（四级 三级 二级）

业绩管理是一个系统工程，其手段是考评，核心是激励，目标是提升，相对应的，业绩管理系统包括3个子系统：考评系统、激励系统和提升系统。二级劳务派遣管理员进行的项目业绩管理主要涉及考评和激励，具体的业绩管理方式与标准劳务派遣管理员应根据劳务派遣单位的相关制度制定。

劳务派遣管理员业绩考核，对应业绩管理系统中的考评系统。对劳务派遣管理人员的业绩，主要是考核其绩效指标完成情况。在一个劳务派遣项目中，有不同级别的劳务派遣管理员，对其业绩的要求不尽相同，具体内容应在项目开展时确定。

1. 业绩考核的内容

业绩考核的主要内容是劳务派遣管理员的业务量。二级劳务派遣管理员要把握项目运行情况，同时能核验三级、四级劳务派遣管理员的业务量。

根据劳务派遣管理员的级别和任务分工不同，在一个劳务派遣项目中，劳务派遣管理员的业务量主要应从以下几个方面进行考察。

（1）项目开发管理。在项目开发管理中，主要考核劳务派遣管理员在项目信息的收集与处理、项目合规性的评估与审核，以及在项目开发初期所做的营销策划及接洽谈判等方面的工作。

（2）项目运营管理。在项目运营管理中，主要考核劳务派遣管理员在项目现场管理、派遣员工服务、客户服务等方面的工作。

（3）项目风险管理。在项目风险管理中，主要考核劳务派遣管理员在风险核查、风险处理等方面的工作。

（4）项目费用管理。在项目费用管理中，主要考核劳务派遣管理员在项目预算编制、项目收支管理等方面的工作。

2. 业绩考核的方法

对劳务派遣管理员的业绩考核，可通过以下方法进行。

（1）目标管理法。运用目标管理法二级劳务派遣管理员应根据项目所面临的内外部形势，制定出项目周期内项目工作所要达到的总目标，然后由参与项目的各劳务派遣管理员根据总目标确定各自的分目标及保障措施，从而形成一个目标体系，并将目标完成情况作为考核依据。

目标管理是一个循环管理过程，包括确定业绩目标、分解目标、实施业绩评价及设定新业绩目标4个过程。

1）确定业绩目标。业绩目标的设定是目标管理的开始，也是统领全局的一步。因此，在目标设定中要做到以基本目标为主，同时重点考核卓越目标，即目标在设定过程中要兼顾操作性和挑战性相结合的原则。

2）分解目标，明确业绩衡量标准。在目标分解时，二级劳务派遣管理员应注意不要有遗漏，也不要与其他级别劳务派遣管理员的工作重复，同时，尽可能使其他级别劳务派遣管理员的分量之和大于或等于总量。

3）实施业绩评价。将实际达到的业绩情况与预先设定的业绩目标相比较，找出二者之间的差距，这既有助于确定对培训的需求，又能帮助确定下一绩效周期的业绩目标。

4）设定新业绩目标。目标并不是一成不变的，而是要根据项目的发展情况进行调整。目标的调整也要求业绩评价方式和指标发生相应的变化，但所遵循的要求和步骤一般不会发生变动。

（2）360度考核法，又称全方位考核法，是指从与被考核的劳务派遣管理员发生工作关系的多方主体那里获得被考核者的信息，并以此对被考核劳务派遣管理员进行全方位、多维度绩效评估的方法。

360度考核法在具体实施时分为4个阶段，包括考核的准备阶段、设计阶段、实施阶段、评估与反馈阶段，各个阶段的具体工作事项如下。

1）准备阶段。此阶段需要获得更高层领导的支持，这是360度考核实施的前提，只有得到高层领导的支持，才能确保360度考核的顺利开展，出现问题能够得到及时的解决。二级劳务派遣管理员还需要事先对360度考核工作进行通知与宣传，通过通知与宣传，让被考核的劳务派遣管理员扫除心理障碍，避免防御和抵制情绪的产生，从而尽可能地获得客观真实的信息。

2）设计阶段。360度考核的设计阶段主要是确定考核周期、考核对象、考核内容以及设计调查工具。360度考核因为实施和组织成本较大，因此一般在一个劳务派遣项目中只进行一次，时间通常定在项目结束时期。360度考核一般采用问卷调查的方式，通过调查问卷，收集多方主体关于被考核劳务派遣管理员的评价信息。

3）实施阶段。主要包括问卷发放及填写、问卷回收、统计并报告结果等工作。

4）评估与反馈阶段。360度考核的评估与反馈阶段非常重要，因为这是360度考核落实并发挥效果的阶段。二级劳务派遣管理员应积极将360度考核统计结果反馈给被考核的劳务派遣管理员，与其进行面对面的交流，向其解释每一项评价内容的含义，并帮助其制订改进计划。

（3）KPI考核法。KPI考核法即关键绩效指标法。这种方法是通过对项目总体目标的分解，得到能衡量劳务派遣管理员工作业绩表现的量化指标，从而考核最能有效反映劳务派遣管理员价值创造的关键指标。采用KPI考核法进行业绩考核，可参照以下步骤。

1）明确项目总体目标。根据项目的方向，多角度分析项目的战略重点，明确项目总体战略目标。

2）确定项目的支目标。将项目的总体目标按照内部的某些主要业务流程分解为几项主要的支持性子目标。

3）内部流程的整合与分析。以内部流程整合为基础的关键业绩指标设计，将使被考核劳务派遣管理员理解自己的指标和职责是为哪一个流程服务的，对其他人员乃至项目的整体运作会产生什么影响。

4）设置关键业绩指标。根据前面3步的工作，以及被考核劳务派遣管理员的主要负责范围，为其设置关键业绩指标。

二、项目业绩分配

项目业绩分配对应业绩管理系统中的激励系统。科学合理的业绩分配，是发挥激励作用的重要手段。二级劳务派遣管理员需要明确项目业绩管理方式和标准，并以此为基础制订业绩分配方案。

1. 项目业绩管理方式

二级劳务派遣管理员要能确定劳务派遣管理员的项目业绩管理方式。项目业绩管理方式应参照所在劳务派遣单位的业绩管理制度确定。一般而言，常用的业绩管理方式有检查评比式、共同参与式、自我管理式等。二级劳务派遣管理员要根据项目设计情况和被考核劳务派遣管理员的情况确定恰当的业绩管理方式。

（1）检查评比式。检查评比式在业绩管理中应用比较广泛。其典型特征是按岗位职责和工作流程详细列出工作要求及标准，考核项目众多，单项指标所占权重很小；评价标准多为扣分项，很少有加分项；考核项目除个别定量指标外，绝大多数信息均来自抽查检查。

（2）共同参与式。共同参与式显著特征是崇尚团队合作，这种方式下的业绩考核指标比较宽泛，缺少定量硬性指标，这给考核者留出很大余地，且业绩考核结果与薪酬发放联系不紧密。

（3）自我管理式。自我管理式得到了世界一流企业的认可。这种业绩管理方式的基础是对人性的假设坚持"Y"理论（将人性假设为喜爱工作、发自内心地愿意承担责任）。其显著特征是通过制定激励性的目标，让员工自己为目标的达成负责；上级赋予下属足够的权利，一般很少干预下属的工作；很少进行过程控制考核，大都注重最终结果；崇尚"能者多劳"的思想，充分重视对人的激励作用，绩效考核结果除与薪酬挂钩外，还决定着员工岗位的升迁或降职。

2. 项目业绩管理标准

二级劳务派遣管理员需要具备能够根据相关制度确定项目业绩管理标准的能力。合理确定项目业绩管理标准能够保证项目业绩考核工作的正常开展。在合理的标准下进行项目业绩考核，能够保证考核结果的公正性，也使考核结果容易让被考核的劳务派遣管理员所接受。设置项目业绩标准可参照以下方法。

（1）同业标准法，是指选取同行业平均或先进水平作为标准。

（2）标杆瞄准法。标杆瞄准法实际上是同业比较法的一种特殊形式，是指选择同业最先进、最有名的标准作为参考依据。

（3）历史资料分析法，是指通过对所在企业或单位的历史资料进行分析，参考以前的标准设置新的标准。

3. 业绩分配方案

（1）业绩分配方案的内容。业绩分配方案在格式上无特殊要求，与一般方案大同小异，在内容上有其独特性。业绩分配方案主要包括以下内容。

1）方案目的。主要介绍制订方案的原因，以及通过执行方案需要达到的目标。

2）适用范围。主要介绍方案的适用对象。

3）权责人。主要介绍方案内容执行上的相关组织者、参与者、监督者等。

4）分配方式。主要介绍业绩的分配方法，一般参照劳务派遣单位的有关制度，结合具体的劳务派遣项目确定。

5）分配要求。主要介绍业绩分配方案的具体要求。

6）分配时间。主要介绍业绩分配的具体时间或时间段。

7）执行步骤。主要介绍业绩分配的具体程序。

8）其他。根据不同情况，可能有其他未尽事宜需要补充。

（2）业绩分配方案的制订要求。业绩分配方案在制订时有以下要求。

1）内容齐全。通过业绩分配方案，将业绩分配的全过程描述清楚，业绩分配由谁做、怎样做、何时做、谁参与等问题都需要明确。

2）分配合理。业绩分配应该公平公正公开，具体的分配方法应当是由利益相关人员或部门共同决定、共同接受的。

3）权责清晰。相关事项谁负责、谁主导、谁落实等都要划定清晰，具体到人，避免实际运行过程中出现互相推诿的现象。

第十二章

培训与指导

第一节 人员培训

一、培训基本知识与方法

1. 培训基本知识

（1）培训的定义。常规意义上的培训大多数是指人力资源管理领域中的培训，人力资源管理领域中的培训主要是指根据组织战略目标和岗位要求，为使员工适应工作环境，提升知识、技能与素质，改善员工工作绩效而进行的系统化的训练活动。

因此，对于二级劳务派遣管理员而言，培训是指根据劳务派遣单位的战略目标和业务需要，通过对四级、三级劳务派遣管理员进行知识、技能与素质等方面的训练，来改善和提升其工作绩效。

（2）培训的目的。培训的出发点和目的是"组织的生存与发展"，最终是为了使员工能够更好地胜任工作，提高企业的生产力和竞争力，从而实现组织发展与个人发展的统一。劳务派遣管理员需要从以下角度来理解培训的目的。

1）适应组织外部环境的发展变化。组织的发展是内因和外因共同作用的结果，一方面，组织要充分利用外部环境所给予的各种机会和条件，抓住时机；另一方面，企业也要通过自身的变革去适应外部环境的变化，其生存和发展总会归结到"人"的作用上。具体来讲，组织为快速适应外部变化可以将培训活动落实到如何提高员工素质、调动员工的积极性和发挥员工的创造力上。组织是一种权变系统，作为组织主体的人也应当是权变的,即组织必须不断培训员工,才能使员工适应技术及经济发展的需要,最终满足个人和组织发展的要求。

2)满足员工自我成长的需要。一般情况下,员工希望学习新的知识、新的技能,并接受具有挑战性的任务,这些都离不开人力资源培训活动。因此,通过培训可以增强员工的满足感。员工的这些期望在某种情况下可以转化为自我实现诺言,即期望越高,员工的表现就会越佳;反之,期望越低,员工的表现就会越差。这种自我实现诺言现象被称为"皮格马利翁效应"。

3)提高整体绩效。员工通过培训,可在工作中减少失误,在生产中减少工伤事故和降低因失误造成的损失。同时,随着技能的提高,员工在培训后可以减少生产资源的消耗和浪费,提高工作质量和工作效率,从而提高员工和组织的整体效益。

4)培育企业文化。通过培训,可以将具有不同价值观、信念、工作作风及习惯的员工集中在一起,按照时代及组织运营要求进行文化养成教育,以形成统一、和谐的工作氛围,使劳动生产率得到提高,工作及生活质量得到改善。换言之,要提升和发展竞争力,组织就一定要重视教育培训和文化建设,充分发挥人力资源培训培育企业文化的重要作用。

(3)培训的特点。培训一般具有以下特点。

1)广泛性。首先,是指组织内开展广泛的员工培训,即不仅高级决策者需要培训,中层管理人员和基层的普通员工也要接受培训,以反映全员培训的性质。其次,是指培训内容的广泛性,它涉及企业生产经营活动的全部内容以及未来需要的新知识、新技能等。另外,员工培训的方式和方法也非常广泛。

2)培训的层次性和针对性。组织内的员工有不同的知识和文化背景,从事不同的任务,有不同的技术需求,所以培训的内容和重点也应该不同,即培训应该在不同层次有针对性地进行。基层员工培训应该关注一般知识和最基本的技能,以解决缺乏基本知识和技能的问题;中层管理者应主要解决的问题是扩大知识面,掌握管理知识和技能;高级决策者更关注的问题应是创新与创业、管理理念等。

3)培训的计划性和风险性。计划性是指培训必须以企业未来发展战略为指导,根据人力资源计划,认真细致地制订培训计划,根据计划来实施,避免盲目性和随意性。

此外,因为培训是企业对员工的人力资源投资,所以也有投资的风险性。一方面,企业可以从中获得回报;另一方面,如果企业不能留住人才,就可能浪费培训资源。因此,企业必须认真规划。

4)培训的长期性和有效性。培训贯穿于员工在组织工作发展的整个过程,不能期望一次或几次培训就可以解决所有的问题。现代科学技术迅速发展,新知识、新技术、新产业、新职业不断崛起，这不仅导致员工培训的需求越来越强烈，还要求培训必须是长期的、永恒的，只要员工在组织内工作，就应根据需要进行相应训练。

培训是针对实际工作需要而组织的，因此每次培训均应以较短的时间取得较明显的成效，特别是技能培训更应该如此，所以必须强调提高培训的有效性。

5）培训的实用性和实践性。培训的实用性是指培训的结果能够转化为生产力，能够迅速提高员工的工作绩效和企业的整体水平，不断促进企业竞争优势的发挥。实践性是指培训应依据员工的生理、心理特征和工作经验，在培训方法上应注重实际情况，针对工作情况运用启发式、讨论式、研究式、角色扮演和案例教学法等手段，提高员工培训的效率。

2. 培训的方法

随着时代发展，培训的方法也越发多样，培训方法可分为传统培训方法与新型培训方法两类。

（1）传统培训方法。传统培训方法是指以培训讲师直接面对受训者为主要形式的培训方式，这种培训方式一般不需要借助电子信息的传递技术来传递信息。

1）讲授法。讲授法是使用最为普遍、被大多数企业采用的培训方法。它效率较高，且大多数企业都拥有适合采用讲授法的教室。讲授法适用范围较广，如对员工的基础知识培训、企业文化制度培训等。

①讲授法的类型。讲授法可以分为以下4类。

一是灌输式讲授。在讲授过程中，信息的输入完全来自讲师，学员只是被动地接收信息，这种讲授方法学员的参与程度较低，且没有反馈，学员也没有意愿主动参与学习。

二是启发式讲授。在这种讲授方法中，培训讲师为学员提供一些新信息和结论，并在此基础上提出一些问题要求学员做出反馈，以便考察学员对将要学习的内容的掌握程度，讲师再根据学员的掌握情况，有重点地开展培训活动。

三是发现式讲授。在这种讲授方式中，学员在讲师的指导下进行学习，并试图得出自己的结论，讲师只需为学员提供引导，让学员通过自己的发现得到某些知识。

四是开放式讲授。这种方式事实上是一种活动方式，在这种活动中，学员首先就活动目标以及测评标准达成一致，讲师对学员确定的目标进行任务分解，并设计一定的活动项目，让学员分头完成这些任务，最终取得预期的学习结果。

②讲授法的优缺点。讲授法主要的优点是知识针对性强，讲授方式可灵活选择；缺点是培训对象数量受限，互动效果有待提高。

③讲授法实施技巧。培训讲师在使用讲授法时，需掌握一些技巧。首先，授课内

容应提纲挈领，不要拖沓冗长，以便学员接受和理解；其次，熟练使用培训课程讲授工具，有助于改善培训效果；另外，在讲授过程中，培训讲师要注意观察学员的反应，并据此做出有效的应对措施。

2）工作轮换法。工作轮换法是将培训对象由一个岗位调到其他岗位以丰富其工作经验的一种培训方法。现在，许多企业采用工作轮换法来培养新进入企业的年轻管理人员和企业储备管理干部。

①工作轮换法的作用。使用工作轮换法可以丰富培训对象的工作经验，增加其对企业全面工作的了解；帮助培训对象进一步明确自身的强项和弱项，找准发展定位；有利于改善部门间的合作，帮助培训对象认识本岗位工作和其他部门工作的关联，从而理解本岗位工作的意义，提高工作积极性。

②工作轮换法的类型。工作轮换法可分为以下几类。

一是新员工巡回轮换。企业通过工作轮换可对新员工的适应性有一个更清楚的了解，以便确定他们的正式工作岗位。

二是培养"多面手"员工轮换。通过工作轮换有意识地安排员工做不同的工作，可开发其潜在能力，使其掌握多种技能，以适应复杂多变的经营环境。

三是培养经营管理骨干轮换。企业让经营管理骨干在不同部门间横向移动，可使其全面了解企业业务工作，从而提高其分析判断全局性问题的能力，以满足企业长远发展的需要。

③工作轮换法使用的注意事项。首先，组织必须有明确的工作分析，确定哪些职位之间可以互相轮换。一般来说，工作轮换首先应从同一个岗位类别中的岗位之间开始，然后再考虑不同岗位类别之间的工作轮换。其次，工作轮换应征询培训对象个人的意愿，不得进行强制性的工作轮换。因此，在为培训对象安排工作轮换时，要考虑其个人能力及其需要、兴趣、态度和职业偏爱。最后，工作轮换时间的长短取决于培训对象的学习能力和学习效果，而不应机械地规定某一时间段。

3）工作指导法。工作指导法又称教练法、实习法，是指由有经验的管理人员或老员工在工作岗位上对学员进行培训的方法。

此种培训方式适合于解决培训部门新进员工知识性、技能性与态度性的问题，其主要优点是应用广泛，可用于基层岗位，也可用于管理人员，让学员和管理人员或老员工一起工作，后者对前者进行指导；在需要时学员也可以顶替管理人员或老员工的岗位。其缺点是指导者某些不当的工作方法可能会影响学员；全盘接受指导者的工作方法时可能会影响学员工作的创新。

从工作指导法的优缺点可以看出，该方式并不适用于所有领域，其主要适用领域的特点是，培训部门有充足的可以充当指导者的人力资源及相应的物力、财力；培训部门有成熟的工作指导管理机制；培训部门需要培养新一代的业务骨干力量；培训岗位是实践性强、必须进行示范讲授的工作岗位。

（2）新型培训方法。新型培训方法是指以新型技术为基础的创新式的培训方法，主要有E-Learning、视听技术法等。

1）E-Learning。广义地说，E-Learning是指电子化、数字化或互联网化学习。狭义地说，E-Learning是指互联网化学习。互联网对人们工作和生活的影响越来越巨大，特别是在学习方面，已日益成为一种主流的学习方式。

从企业角度来说，E-Learning是一种学习与绩效提高的解决方案，它通过网络等技术实现学习的全过程管理（设计、实施、评估等），使学员获得知识、提高技能、改变观念、提高绩效，最终使企业增强竞争力。

E-Learning最大的特点是充分利用了IT技术所提供的全新的沟通机制和丰富的资源。E-Learning课程就是借助互联网平台和技术而实施的课程。

企业E-Learning的架构（E-Learning体系）包括以下3部分。

①E-Learning技术体系，是指企业E-Learning系统所涉及的软硬件系统，主要包括平台系统和硬件环境系统。E-Learning技术体系是建设企业E-Learning体系的第一步，也是企业E-Learning得以实施的技术保证。

E-Learning平台系统，主要包括学习管理系统、知识管理系统、虚拟教室系统和在线考试系统。

②E-Learning内容体系。E-Learning内容体系的规划对企业来说非常重要，它为未来学习内容的持续开发和建设搭好了框架。构建E-Learning内容体系可以采用以下4种模式。一是以培训对象为中心的学习内容体系建设；二是以解决某一专项问题为中心的学习内容体系建设；三是以解决绩效差距为中心的学习内容体系建设；四是以支持某种战略或业务为中心的学习内容体系建设。

③E-Learning运营体系。运营和管理E-Learning的组织机构通常为企业的培训部门或者是企业独立的网络学院、企业商学院等。随着E-Learning应用的深入开展，企业中的各级业务部门也将成为企业E-Learning应用的直接推动者和使用者。培训部门的职责将演变为提供应用方法和支持服务，由培训职能向学习服务职能转变。

2）视听技术法。视听技术法是在讲授法的基础上，利用视听结合手段（如录像、电视、电影、计算机等工具）而形成的一种教学法，它强调在一定情景中的听觉感知（录音）与视觉（图片影视）感知相结合。

视听技术法的主要优点是可以充分利用图片、声音和影音文件等展示课程内容，以增强趣味性，从而提高学习效率；方便培训讲师与学员面对面地沟通培训内容，能给学员以真实感，有利于引起学员的学习兴趣；而且教材可反复使用，有利于满足不同岗位、不同水平学员的受训需要。其缺点是对仪器的要求较高，且价格昂贵。视听技术法的类型有以下几种：按制作方式划分，可分为电子媒体和非电子媒体；按学员影响划分，可分为刺激媒体、反应媒体和控制媒体；按使用媒体划分，可分为视觉媒体、听觉媒体、视听媒体和综合媒体。

3. 培训方法的选择

在选择培训方法时，培训管理者首先要考虑培训的目标，确定培训可能产生的培训成果，选择一种或几种最有利于实现培训目标的培训方法，再结合开发和使用已选择培训方法的成本，做出最佳选择，最大限度地保证培训成果的转化。其次，培训管理者应该根据学员的不同特点来决定合适的培训方法。如果在培训方法上不分出层次，则针对不同员工进行的培训效果也不会太理想。最后，培训管理者应根据企业的培训预算成本来选择合适的培训方法。

二、编写培训指导书

培训指导书是培训工作的指导文件，培训计划的制订、培训工作的实施等都是根据培训指导书有关内容进行的。为提高对其他级别劳务派遣管理员的培训工作的质量，二级劳务派遣管理员需要具备编写培训指导书的能力。培训指导书主要包括以下内容。

1. 目的范围

介绍培训指导书的编写目的以及使用范围。

2. 培训类型

介绍拟开展的培训类型，如新员工培训、专业知识和技能培训、管理开发培训等。

3. 培训时间、场所、人员等要求

介绍不同类型、不同规模培训所需的时间、场所及对人员（负责人与培训讲师）的要求，不同类型、不同规模的培训应有不同的相关配置标准。

4. 培训方法

介绍常见的培训方法及其适用范围。

5. 培训实施过程

介绍培训工作的标准流程，一般包括培训需求分析、培训实施控制、培训效果评估等内容，旨在使培训工作专业化、规范化。

6. 培训费用

介绍不同类型、不同规模培训工作的费用要求，合理控制培训费用。

7. 附件

主要列举培训工作中所需要的计划、方案、表单等文件的参考模板。

三、制订培训计划

作为二级劳务派遣管理员，需要了解培训计划的内容与类型，掌握培训计划的制订原则与步骤。

1. 培训计划概述

培训计划是指从组织战略出发，在全面、客观的培训需求分析基础上，根据组织各种培训资源的配置情况，对培训时间、培训地点、培训者、培训对象、培训方式和培训内容等一系列工作所做出的统一安排。

培训计划必须满足组织及员工两方面的需求，兼顾组织资源条件及员工素质基础，并充分考虑人才培养的超前性及培训结果的不确定性。

（1）培训计划的内容。具体地说，一份完整的培训计划应包括培训目的及目标、培训对象及内容、培训范围及规模、培训时间及地点、培训预算、培训方法、培训讲师以及培训计划的实施等。

1）培训目的。培训的目的主要是说明为什么要进行培训。培训计划要首先阐明培训的目的，只有明确了培训目的，才能确定员工培训的目标、范围、对象和内容，从根本上决定培训计划所涉及的各项资源投入的规模和程度。

2）培训目标。培训目标主要是解决员工培训应达到什么样的标准。它是根据培训的目的，结合培训资源配置的情况，将培训目的具体化、数量化、指标化和标准化而得出的。培训目标的确定还可以有效地指导培训效果评估，并为培训计划的贯彻实施奠定基础。

3）培训对象和内容。培训对象和内容的确定，即明确培训谁、培训什么、进行何种类型的培训。培训对象和内容应在培训需求分析中通过对工作任务的系列调查和综合分析进行确定。在确定培训对象和培训类型时，需要采用多种系统科学的方法，明确谁最需要培训、最需要培训什么、需要采用何种方式、组织何种性质和类型的培训。

4）培训范围和规模。企业员工培训的范围一般包括企业全员培训、部门培训、个人培训等层次。如最新法律法规培训、业务部门内训、任职资格培训等。

培训的规模受到人数、场所、培训性质、设备以及费用等多种因素的影响。如果培训规模较小，则只需提供培训设备、方法、程序、教材及其他教学条件和培训讲师即可。如果培训规模较大、时间很长，就要考虑培训场所、食宿、师资、教材、方法和程序，并制定出必要的考勤制度、作息时间表等。

5）培训时间和地点。培训的时间安排受到培训范围、对象、内容、方式和费用等因素的影响。如较为复杂的培训内容，一般要进行集中培训，其时间由培训内容的多少决定。

培训地点是指培训的所在地区和培训场所。如岗位技能培训一般都安排在工作现场或车间；其他类型的培训可以安排在工作现场、培训中心或会议室等特定的地点。

6）培训预算。培训预算即对培训成本的估算，包括企业在员工培训的过程中所发生的一切费用。

7）培训方法。培训方法是实现培训计划各项目标的重要保障。为了更好地达到培训目的，培训计划必须根据培训资源配置情况，正确选择适用的培训方式和方法。

培训方法的选择应根据培训的目的、对象、内容和经费以及其他条件来决定，如管理开发培训、专业知识培训等宜采用集中培训的方式，专业技能培训应采用边实践边学习的方法。

8）培训讲师。企业培训活动中，培训讲师是培训活动的主导者、培训过程的组织者、专业知识的传输者、专业技能的教练者。在制订培训计划时，一定要根据培训的目的和要求，全面考虑培训讲师的选拔和任用问题。

9）计划实施。为了保证培训计划的顺利实施，培训计划应当提出具体的实施程序和组织措施。其主要包括指定培训项目的负责人及管理人，做好相关部门的协调工作，让受训者明确培训目的、要求、内容和程序，确保培训的时间、参加培训的人数以及资金投入，定期进行培训评估、改进培训工作，保证培训质量的措施等。

（2）培训计划的类型。根据不同的划分方式，培训计划有不同的类型。

1）按培训层级划分。按照培训计划的层级进行划分，培训计划可分为组织级培训计划、部门级培训计划和个人培训计划3个类别。

①组织级培训计划。组织级培训计划是组织的整体培训管理计划，其制订目的是为了保障组织内部整体培训目标和培训战略的贯彻。组织级培训计划主要包括岗前管理培训、岗前技术培训、质量管理培训、组织管理培训等培训计划。

培训管理者在制订组织级培训计划时要注意以下3点要求。一是组织级培训计划要有具体、多样的培训主题；二是组织级培训计划的内容要涵盖各个部门、各个层级的员工；三是要将组织的短期利益和长期利益相结合。

②部门级培训计划。部门级培训计划是根据部门的实际培训需求制订的。部门级

培训计划主要包括各个部门可进行的技术管理培训、应用技术培训、产品知识培训、工程管理培训、营销策略培训和商务知识培训等。

部门级培训计划制订完成以后，计划制订人应与各部门负责人进行讨论，并在讨论中根据各部门负责人的意见和建议，适当增加或删减培训内容。需要明确的是，部门级的培训计划不能由培训部全权负责，而是需要部门负责人协助进行，否则在培训的实施过程中容易出现管理混乱或纠纷。

③个人培训计划。个人培训计划是将整体培训目标进行分解并结合员工个人培训需求制订的培训计划。个人培训计划的制订应该将宏观的培训计划或培训目标进行分解和细化，具体地落实到员工个人身上。制订个人培训计划既有利于个人的发展和提高，也是顺利实现组织级培训计划和部门级培训计划的必备手段。

2）按时间长短划分。以培训计划的时间跨度为分类标准，可将培训计划分为长期培训计划、中期培训计划和短期培训计划3个类别。这3类培训计划是一种从属的关系，中期培训计划是长期培训计划的进一步细化，短期培训计划则是中期培训计划的进一步细化。

①长期培训计划。长期培训计划一般指时间跨度为3~5年及以上的培训计划。其重要性在于明确组织培训的方向、目标与现实之间的差距和资源的配置，这3项是影响培训最终效果的关键性因素。

长期培训计划需要明确的事项包括组织的长远目标分析、个人的长远目标分析、外部环境的发展趋势分析、目标与现实的差距、人力资源开发策略、培训策略、培训资源配置、培训资源的需求、培训内容整合、培训行动步骤、培训效益预测、培训效果预测等。

②中期培训计划。中期培训计划是指时间跨度为1~3年的培训计划。它在组织整体培训规划中起到了承上启下的作用，是长期培训计划的进一步细化，同时又为短期培训计划提供了参考。

中期培训计划需要明确的事项包括培训中期需求、培训中期目标、培训策略、培训资源分配、培训资源的需求、培训内容整合、培训行动步骤、培训效益预测、培训效果预测等。

③短期培训计划。短期培训计划是指时间跨度在1年以内的培训计划。它是对组织长期培训计划和中期培训计划的具体落实，企业在制订短期培训计划时要着重考虑计划的可操作性和效果。

短期培训计划需要明确的事项包括培训的目的与目标、培训时间、培训地点、培训者、培训对象、培训方式、培训内容、培训组织工作的分工和标准、培训资源的具体使用、培训资源的落实、培训效果的评价等。

3）按时间段划分。按照培训计划的时间段进行划分，培训计划可分为年度培训计划、季度培训计划和月度培训计划3个类别。

①年度培训计划。年度培训计划是企业根据发展战略规划制订的全年培训计划。年度培训计划主要包括培训组织建设、项目运作计划、资源管理计划、年度预算、机制建设等方面的内容，计划中需要有量化目标、具体行动方案、保障机制等。年度培训计划是企业在未来年度实施培训工作的纲要，在整个年度的培训工作中起指导作用。年度培训计划的质量高低，直接影响着培训实施的效果。

②季度培训计划。季度培训计划是企业以季度为时间段制订的培训计划。一般来说，季度培训计划是年度培训计划的分解，其主要目的是根据企业培训现状及员工培训需求调整年度培训计划，使培训工作更贴近实际。

③月度培训计划。月度培训计划是企业按照月度制订的培训计划。月度培训计划需要在企业年度及季度培训计划的基础上，根据企业上月的培训工作开展状况，结合相关部门对培训工作的意见和建议对培训计划进行进一步确定。

4）按培训对象划分。以培训对象为分类标准，可将培训计划分为管理开发培训计划、专业知识和技能培训计划、新员工培训计划和骨干员工培训计划4个类别。

①管理开发培训计划。管理开发培训计划是企业针对员工管理能力、综合素质提升制订的一整套培训与开发计划。企业制订管理开发培训计划的目的是帮助企业内部的管理人员成长，提高企业的生产能力和盈利能力。

管理开发培训不仅包括正式的在职培训项目，还包括绩效评估、工作轮换计划、职业轨迹规划、管理继任计划、高潜能人员确认系统以及职业发展咨询活动等特别项目。

②专业知识和技能培训计划。专业知识和技能培训计划是指企业对财务人员、工程技术人员等专业人员，围绕其业务范围和职能要求制订的相关知识技能培训计划。专业知识和技能培训的目的是使培训对象及时了解各自领域内的最新动态和最新知识，以便不断更新专业知识和技能。

③新员工培训计划。新员工培训计划是指企业针对刚被招聘进企业、对企业内外情况生疏的新员工制订的一系列培训活动计划。新员工培训计划的目的是对新员工进行指导，使其对新的工作环境、职责范围、规章制度、组织期望等有所了解，以尽快融入企业之中。新员工培训的主要内容一般包括企业概况、企业规章制度、企业文化、产品知识、业务知识技能、工作流程等。

④骨干员工培训计划。骨干员工培训计划是指企业依据工作说明书和工作规范的

要求,为了持续提升员工个人管理素质与工作技能,实现各级骨干员工的培养及储备而制订的培训计划。骨干员工培训计划的目的是使受训者明确职业分工、操作流程、权责范围,掌握必要的工作技能,培养与组织相适应的工作态度与行为习惯,从而有效地完成本职工作。

骨干员工培训计划的制订要注意培训计划的针对性、专业知识和技能的层次性以及培训的适应性和前瞻性。培训计划制订者应根据变化的外部环境和人员结构以及企业未来状况预期,适时地制订培训计划,以调整企业内员工素质结构,适应外部形势,为未来储备必要的人才。

2. 培训计划的制订原则

培训计划的制订,是企业开展和实施员工培训的基本前提。培训计划的制订原则具有通用性,这些原则适用于一般企业培训计划的制订,也适用于劳务派遣管理员制订培训计划。

(1)培训计划的制订必须从组织发展战略出发,满足组织发展的需要。
(2)培训计划的制订必须建立在培训需求调查的基础上。
(3)培训计划的制订要以各部门的工作计划为依据。
(4)要尽可能多地得到最高管理层和各部门负责人的承诺以及资源支持。
(5)使更多人参与培训计划的制订,以获得较多的支持。
(6)计划的制订应考虑设计不同的学习方式来适应员工的个体差异。
(7)制订培训计划要注意采取一些积极性的措施来提高培训效率。
(8)培训计划的制订应着重注意培训细节、培训内容,以及培训的实效性。

3. 培训计划的制订步骤

培训计划制订的步骤一般包括培训需求确定、培训目标确立、培训对象确定、培训内容及课程设置、培训负责人和培训讲师选择、培训形式和培训方法确定、培训时间和地点确定、培训效果评估方法确定、培训费用预算编制以及培训计划书编写。

(1)培训需求确定。培训需求确定是培训工作的第一步,是确定培训目标、制订培训计划、设计培训内容、有效实施培训等多项工作的前提。

二级劳务派遣管理员进行培训需求确定时所做的主要工作事项包括培训需求调研、培训需求分析及培训需求确认,具体内容如下。

1)培训需求调研。选择培训需求调研方法,开展培训需求调研工作。

2)培训需求分析。分析培训需求调研数据,整理培训需求分析结果,撰写培训需求分析报告。

3)培训需求确认。选择培训需求确认方式,开展培训需求确认工作,撰写培训需求确认报告。

(2) 培训目标确立。培训目标确立的重要意义在于明确培训要达到的结果,并为培训效果评估提供现实可行的标准。培训目标确立的依据主要包括企业的实际需要和员工的素质情况两个方面。

(3) 培训对象确定、培训内容及课程设置。二级劳务派遣管理员应根据培训需求调查分析的结果,结合企业的发展战略,确定需要接受培训的人员。根据不同的培训对象,在不同的阶段,确定不同的培训内容及课程设置。

(4) 培训负责人和培训讲师选择。企业中负责培训工作的一般为培训部门,也可能根据自身发展阶段和企业资金情况建立企业大学或选择培训外包机构。培训负责人也可以由二级劳务派遣管理员担任。

二级劳务派遣管理员可自行担任培训讲师,也可根据培训内容有针对性地选择其他部门员工或外部讲师担任培训讲师。

(5) 培训形式、方法、时间和地点的确定。

(6) 培训效果评估方法确定。确定培训效果评估的方法,可及时跟踪培训效果。培训效果评估的方式一般包括受训者考试、受训者的意见反馈、受训者的行为变化、培训工作的投入产出分析等。

(7) 培训费用预算编制。培训费用预算主要是由企业的人力资源发展战略、企业的行业特点、销售业绩和员工整体水平等诸多因素决定的。在编制培训费用预算时可以按以下步骤进行。

1) 计算培训成本。培训费用预算编制人员应首先收集员工培训的相关资料,了解培训成本的使用信息,根据数据资料明确不同培训项目成本的总体差异,预计培训计划的各项费用,进行成本控制。培训预算具体应包括培训不同阶段所需的设备、设施、人员和材料等成本。

2) 确定培训收益。培训收益一般为潜在收益,如培训的实施可能降低生产成本或额外成本,或增加重复购买量。在企业大规模投入资源前,可以通过实验性的培训评价小部分受训者所获得的收益,进而确定培训后工作绩效的差别。

3) 编制培训预算方案。培训费用预算编制人员应根据培训成本及收益分析编制培训预算方案,方案内容应明确、翔实,包含培训目标及财务分析报告,以获得管理者对预算的支持。

(8) 培训计划书编写。二级劳务派遣管理员根据上述内容,采用企业规定的培训计划书模板,编写培训计划书,并经相关领导审批后确定。

第二节 业务指导

一、项目团队管理常用技能

项目团队是指本着共同的目标、为了保障项目的有效协调实施而建立起来的管理组织，一般由项目经理和团队成员组成。此处所指项目团队即由各级劳务派遣管理员组成的、以促进企业劳务派遣业务发展为目的的项目团队，二级劳务派遣管理员是团队的组建者和领导者。

1. 项目团队的组建原则

组建项目团队时应考虑以下4个方面的原则，以保证团队成员的构成满足岗位和企业的需求。

（1）能力互补原则。项目团队应包括具有不同能力的人员，如擅长管理的人员、擅长沟通的人员、擅长行政工作的人员等，以便应对不同业务的需求。

（2）知识互补原则。项目团队应包括具有不同知识结构的人员。虽然劳务派遣管理员需要掌握的知识在内容上都是一致的，但由于经验、年龄、兴趣等原因，每个人所掌握的知识必然有所差别，应利用这些差别，将其当作特性。在团队人选上做到知识互补是项目团队的基本组建原则。

（3）年龄互补原则。项目团队应包括不同年龄的人员。年龄偏大的人员在接受新事物等方面存在不足，年龄偏小的人员在业务经验等方面存在不足，将二者有机结合，可以进一步提升项目团队的业务水平。

（4）性别互补原则。

2. 项目团队管理技能

二级劳务派遣管理员需要掌握并能向低级别的劳务派遣管理员传授以下技能。

（1）认知技能。认知技能是指对复杂情况进行抽象和概念化的能力。主要包括理解事物的相互关联性，从而找出关键性影响因素的能力，确定和协调各方面关系的能力，权衡不同方案优劣和内在风险的能力等。在项目团队管理过程中，劳务派遣管理员会面对复杂的项目任务和人员管理压力，要求其具备较强的认知技能。

（2）人际技能。人际技能又叫沟通技能，是指把握与处理人际关系的有关技能，即理解、动员、激励他人并与他人共事的能力。要成为一个好的项目团队管理者，离不开良好的人际关系，包括同上级、下属、同行、他人的关系等，具有良好人际技能的团队管理者能够使团队成员的热情和信心增长。

（3）技术技能。技术技能是指从事自身管理范围内的工作所需的基本技术和具体方法，对劳务派遣管理员而言就是指项目开发、项目运营、风险管理、业绩考核以及数据分析、办公设备使用等方面的能力。对劳务派遣项目团队而言，其管理者技术技能的价值主要体现在培训和指导相关技能匮乏的团队成员方面。

二、项目运营经验的传授

劳务派遣项目的运营包括项目计划的制订与运行、派遣员工现场管理、派遣员工服务管理、客户关系管理等内容。作为二级劳务派遣管理员，不仅需要具备一定的领导能力，还需要具有一定的激励与指导能力，能够将项目运营经验传授给新的成员。

如同培训需要进行培训需求分析一样，二级劳务派遣管理员在进行项目运营经验的传授前，也需要明确3个问题，即为谁传授、传授什么以及如何传授。

1. 为谁传授

为谁传授主要应弄清传授对象。二级劳务派遣管理员需要注意一点，并非所有人员都需要其亲自讲解或传授某些知识。在一个项目团队中，有经验丰富的老人，也有一知半解的新人，这两者并不是同期讲解的对象。

2. 传授什么

并非所有知识和技能都可以通过传授来达到传播和掌握的效果。理论性、操作性的知识，可以口头阐述、开会讨论或开展培训课程。但劳务派遣项目中还有很多其他知识和技能无法直接传授给亟待提高的员工，例如，与合作企业的沟通谈判技巧、派遣员工的劳动关系管理等，这些内容需要经验的累积，因此很难在短时间内被掌握。

3. 如何传授

传授有很多方法，但具体的传授方法要根据传授对象和传授内容来确定。正确的传授方法会达到事半功倍的效果。经验传授的方法主要有以下几种。

（1）一对一讲解法。一对一讲解法是指通过与相关低级别的劳务派遣管理员进行一对一的面谈，向其分享工作经验。

（2）定向帮扶法。这种方法类似于导师带徒弟，具体是指给二级劳务派遣管理员分配一个或多个需要传授的对象，相关的二级劳务派遣管理员在工作中对特定对象进行工作帮助，为其讲解技巧，传授经验。

（3）集中培训法。这种方法是指将经验不足的劳务派遣管理员集中起来，采用经验课堂、培训讲座等方式，由项目经验丰富的二级劳务派遣管理员做经验传授工作。